CITY|TRIP

LAS VEGAS

W0238202

Inhalt

Schrill, bunt und verrückt in jeder Hinsicht: das ist Las Vegas (074lv Abb.: mb)

Margit Brinke, Peter Kränzle

CITY|TRIP

LAS VEGAS

Nicht verpassen!

1 Stratosphere Tower [C8]
Seit 1996 überragt der Stratosphere Tower Las Vegas. Der höchste freistehende Bau westlich des Mississippi ist ein Wahrzeichen der Stadt – und bietet dazu Nervenkitzel (s. S. 17).

5 The Venetian [B14]
Unter den Themen-Hotels ragt das Venetian heraus. Mit viel Liebe zum Detail wurde die berühmte Stadt an der Lagune rekonstruiert. Das zugehörige Hotel ist zudem sehr empfehlenswert (s. S. 19).

9 High Roller Observation Wheel [C15]
Das derzeit höchste Riesenrad der Welt lädt zur halbstündigen Fahrt mit traumhaftem Ausblick ein. Zum High Roller führt die LINQ Promenade (s. S. 21)!

15 CityCenter Las Vegas [A16]
„A City within a City" – das 2009 eröffnete CityCenter bildet das attraktive Stadtzentrum am Strip. Der Hochhauskomplex bestehend aus Hotels und der Shoppingmall Crystals ist ein Musterbeispiel für moderne Baukunst (s. S. 26).

24 Fremont Street Experience (FSE) [C3]
Hier schlägt das Herz von Downtown und begann das Revival des alten Las Vegas. Neuere Errungenschaften sind das Mob Museum und der Downtown Container Park (s. S. 33).

28 Neon Museum [D1]
Im Neon Museum ist eine interessante Sammlung an historischen „neon signs" zu sehen (s. S. 39).

30 Springs Preserve [af]
Dass Las Vegas auf Nachhaltigkeit und Umweltschutz setzt, erfährt man im Springs Preserve, das Museum, Naturpark und Lehrinstitut in einem ist (s. S. 42).

33 Red Rock Canyon National Conservation Area
Der Red Rock Canyon liegt mitten in der Mojave-Wüste und gewährt Einblick in die dortige Flora und Fauna (s. S. 45).

35 Valley of Fire State Park
Rote Sandsteinformationen und Piktogramme prähistorischer Indianer kennzeichnen das Naturschutzgebiet östlich der Stadt (s. S. 49).

36 Hoover Dam
Die Talsperre am Colorado River ist schon allein wegen ihrer Dimensionen sehenswert (s. S. 51).

Leichte Orientierung mit dem cleveren Nummernsystem

Die Sehenswürdigkeiten sind im Text und im Kartenmaterial mit derselben **magentafarbenen ovalen Nummer** 1 markiert. Alle anderen Lokalitäten wie Geschäfte, Restaurants usw. tragen ein **Symbol und eine fortlaufende rote Nummer** (1). Die Liste aller Orte befindet sich auf Seite 140, die Zeichenerklärung auf Seite 143.

Zeichenerklärung

★★★ nicht verpassen
★★ besonders sehenswert
★ wichtig für speziell interessierte Besucher

[A1] Planquadrat im Kartenmaterial. Orte ohne diese Angabe liegen außerhalb unserer Karten. Ihre Lage kann aber wie die von allen Ortsmarken mithilfe der begleitenden Web-App angezeigt werden (s. S. 143).

Updates zum Buch

www.reise-know-how.de/citytrip/lasvegas18

Vorwahlen

- für die USA: 001
- für den Großraum Las Vegas: 702, 725
- für den Rest von Nevada: 775

Abkürzungen

- E. – East (Osten), W. – West (Westen), S. – South (Süden), N. – North (Norden)
- St. – Street
- Rd. – Road
- Rte. – Route
- Sq. – Square
- Ave. – Avenue
- Blvd. – Boulevard
- Bei Adressangaben steht „/“ für „Ecke“, „–“ für „zwischen“.

„Make Vegas Great Again" – obwohl das Glücksspiel noch immer eine große Rolle spielt, möchte Las Vegas weg vom Image der „Sin City". Toplokale, Boutiquehotels, schicke Klubs, Shows – v. a. mit berühmten Künstlern oder dem Cirque du Soleil –, Spa- und Pool-Landschaften sowie Shoppingmalls – darunter die neuen Grand Bazaar Shops (s. S. 77) und die LINQ Promenade (s. S. 77) – sollen Besucher anlocken.

Neue Trendviertel

Fremont East (s. S. 36) mit Bars, kleinen, schicken Hotels und dem Downtown Container Park ist angesagt, genauso der weiter südlich gelegene Arts District (s. S. 38) mit der neuen Pawn Plaza.

Architektur und Grün

Die neue T-Mobile Arena ist architektonisch sehenswert und wurde durch The Park, eine kleine grüne Ruheoase, mit dem pulsierenden Strip verbunden (s. S. 28).

Gastronomie und Hotels

Restaurants, v. a. von berühmten Fernsehköchen, schießen wie Pilze aus dem Boden. Neu sind zum Beispiel SUGARCANE raw bar grill (s. S. 62) oder Kitchen at Atomic (s. S. 65). Auch die Klubszene ist im steten Wandel: Aus Haze wurde Jewel (s. S. 72), aus Pure Omnia (s. S. 72), aus Tryst Intrigue (s. S. 72), neu ist Drai's (s. S. 71). Zu den neuen Hotels gehören zum Beispiel The LINQ (s. S. 123), Oasis at Gold Spike (s. S. 127) und The D Las Vegas (s. S. 124). Das Monte Carlo (s. S. 29) wird bald zum Park MGM und Resorts World ist im Bau.

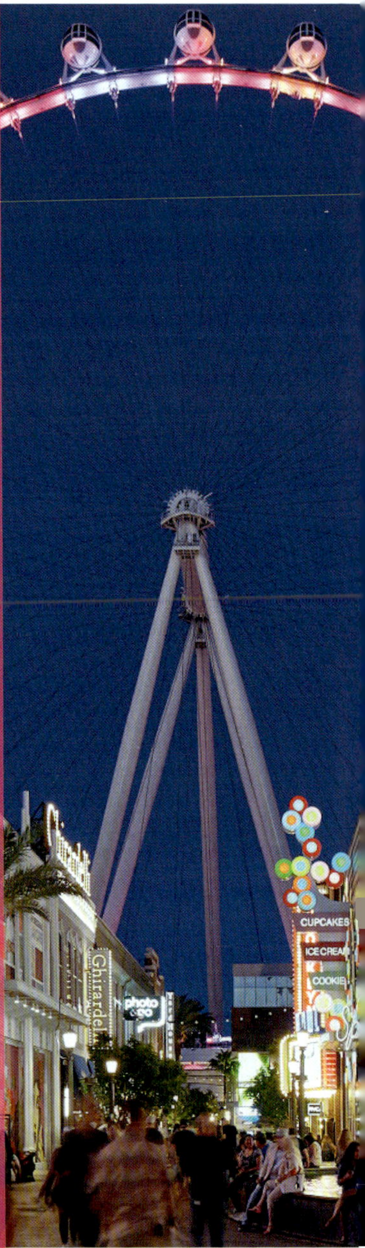

070lv Abb.: Caesars Entertainment©Dave Burk Photography

LAS VEGAS ENTDECKEN

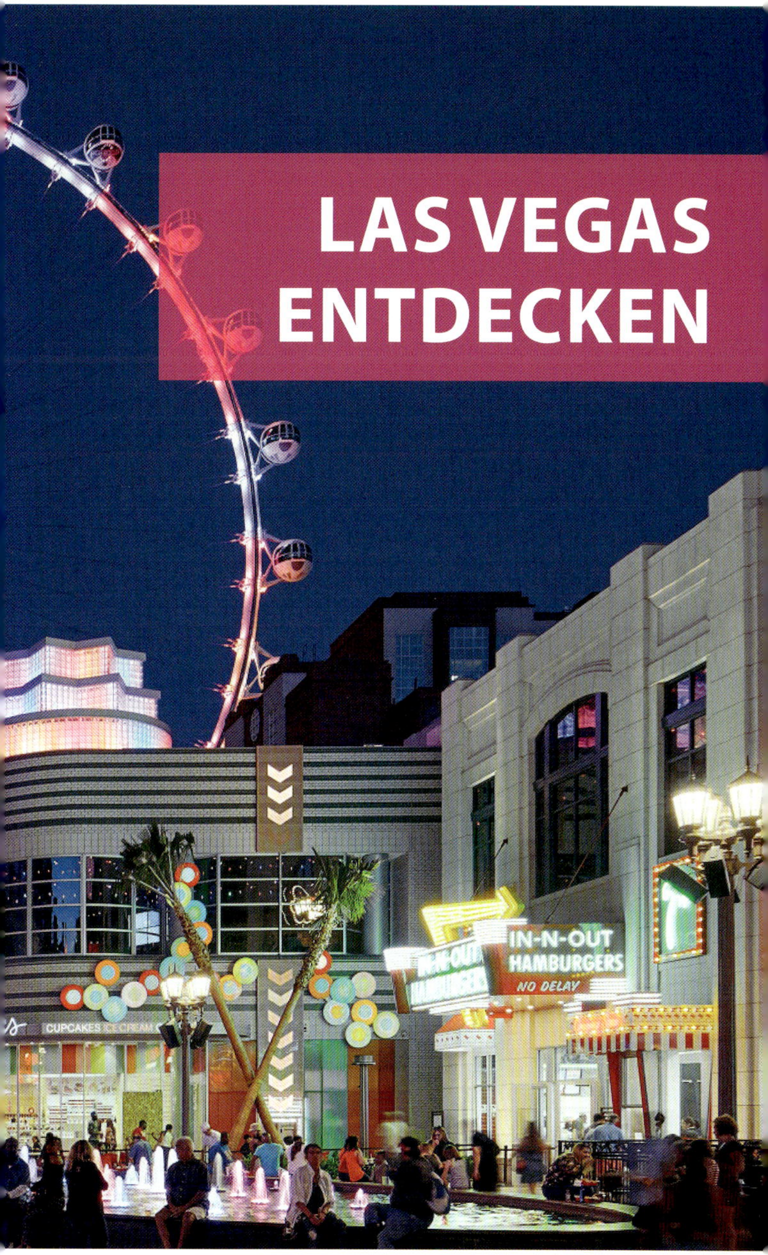

Las Vegas für Citybummler

Fliegt man über Las Vegas, könnte man es angesichts der grünen Oasen und der nachgebauten Kunstwelten mitten in karger Wüstenlandschaft für eine Fata Morgana oder – besonders am Abend und nachts – für eine vom Mond gefallene Glitzerstadt halten. Doch die Wüstenmetropole ist durchaus real, einerseits zweifellos „very sparkly, very twinkly", andererseits an manchen Ecken erstaunlich normal.

Las Vegas ist **kein reines Städtereiseziel**, sondern für die Mehrheit der Besucher nur eine Station auf einer Rundreise durch den Südwesten. Ist man jedoch erst einmal in der Stadt angekommen, sollte man zunächst Mietwagen oder Camper im Hotel-Parkhaus stehen lassen, denn in den letzten Jahren wurde der **öffentliche Personennahverkehr** (s. S. 128) hervorragend ausgebaut. Wer ein Hotel am Strip oder in Downtown wählt, erreicht viele Attraktionen zu Fuß und mit dem Bus.

Für Citybummler ist Las Vegas **keine gewöhnliche Stadt**, sie ist vielmehr auf den ersten Blick für den beschaulichen Bummel mit geruhsamen Päuschen im Grünen ungeeignet. Das Besuchsprogramm und die Spaziergänge konzentrieren sich auf den Strip und auf Downtown um die Fremont Street. Weitere Attraktionen wie das Springs Preserve 30 oder das Neon Museum 28 können **nur mit dem Auto** ohne größeren Aufwand erreicht werden und Ausflüge in die Umgebung sind erst recht nur motorisiert möglich.

Wer mit offenen Augen durch die Stadt geht, wird dennoch feststellen, dass Las Vegas mehr ist als Strip und Fremont Street Experience 24 und dass es durchaus Ruheoasen und Entdeckenswertes abseits der touristischen Zentren gibt – wenn auch nicht leicht erreichbar. Um sich einen Überblick über Struktur und Dimensionen von Stadt und Region zu verschaffen, bietet es sich an, bei klarer Sicht auf den **Stratosphere Tower** 1 hinaufzufahren oder eine Fahrt mit dem **Riesenrad High Roller** 9 zu unternehmen. Hier werden die Ausmaße der Wüstenmetropole erst richtig deutlich und es wird klar, dass im Unterschied zu anderen Metropolen der **Strip**, der südliche Abschnitt des Las Vegas Boulevards mit seinen weltberühmten **Casino-Hotelkomplexen**, die Skyline der Stadt prägt, während das eigentliche **Downtown Las Vegas** gar kein markantes Zentrum hat. Lediglich die überkuppelte Fremont Street fällt hier ins Auge.

Der **Strip**, an dem sich auf etwa 6,5 km Länge zwischen Stratosphere Tower im Norden und Mandalay Bay im Süden die Casino-Hotel-Komplexe aufreihen, bietet ungewöhnliche Erlebnisse: Man spaziert nicht nur durch Weltstädte (Paris 12, Venedig 5, New York 18 u. a.) und Regionen (Tropicana 20, Mandalay Bay 23, Bellagio 13), sondern kann gleichzeitig auf Zeitreise durch historische Epochen (Excalibur 21, Luxor 22) gehen. Im Vorübergehen passiert man exklusive und trendige Shops, Sternerestaurants und Imbissbuden, spektakuläre Attraktionen (Eiffelturm, High Roller 9, Achterbahn New York – New York, Rides auf dem Stratosphere Tower)

Vorseite: Die LINQ Promenade (s. S. 77) lohnt nicht nur wegen des Riesenrads 9, sondern auch wegen der Lokale, Bars und Shops einen Besuch

007lv Abb.: lvcva

und beschauliche Gärten (Secret Garden im Mirage 6 oder Botanical Garden im Bellagio 13, Aquarien und Flamingos), Kunstsammlungen und spektakuläre Ausstellungen (wie „Bodies" im Luxor 22).

Downtown Las Vegas ist anders. Zwar dominieren auch zwischen **Fremont Street Experience** 24 und **Fremont East Entertainment District** (s. S. 36) Glitzer und Glamour, Glücksspiel und Showbiz, Fun und Entertainment, doch finden sich in der revitalisierten Innenstadt auch neue, aufstrebende Viertel – **Symphony Park** (s. S. 38), **18b Las Vegas Arts District** 27 oder der **Cultural Corridor** (s. S. 41) – und kulturelle Attraktionen wie **Mob Museum** 25, **Neon Museum** 28 oder **Old Las Vegas Mormon Fort State Historic Park** 29. Der Arts District lohnt vor allem am „First Friday" (s. S. 82) zum Bummeln, denn dann sind Galerien und Shops länger geöffnet, Foodtrucks sorgen für Verpflegung und es finden Konzerte und Veranstaltungen statt. Für Besucher, die sich für moderne Architektur interessieren, lohnt ein Spaziergang über den **Campus der UNLV** 32.

Um andere Sehenswürdigkeiten der Stadt wie zum Biespiel das **Nevada State Museum** 31, das **Springs Preserve** 30 oder das **National Atomic Testing Museum** (s. S. 57) zu erleben, muss man ins Auto steigen, ebenso wie für einen Abstecher ins Umland, der jedoch den Kontrast zwischen umtriebiger Glitzermetropole und einsamer Wüstenlandschaft erst deutlich macht. Die Mojave-Wüste mit dem **Red Rock Canyon** 33 und dem **Valley of Fire** 35 sind grandios und wie die Erholungsregion um den **Lake Mead** 34 und der **Hoover Dam** 36 von Las Vegas aus gut erreichbar.

Weltberühmt: das Schild „Welcome to Fabulous Las Vegas"

Kurztrip nach Las Vegas

Von Venedig nach Ägypten, vom Römischen Reich hinein in einen Zirkus, von New York nach Paris – eine Reise durch Zeiten und Welten ist in Las Vegas an einem einzigen Tag möglich. Entlang dem „Strip“ reihen sich faszinierende Casino-Hotel-Komplexe auf, die vielfach unter einem bestimmten Motto stehen. Doch „Vegas“ hat, vor allem im Umland, noch mehr zu bieten und lohnt deshalb durchaus einen mehrtägigen Aufenthalt.

Anders als beispielsweise New York City ist Las Vegas kein reines Städtereiseziel. Die meisten Besucher machen hier im Rahmen einer längeren Rundreise Station. Dabei hat Las Vegas den Vorteil, dass die touristisch interessanten Ecken überschaubar sind: Da ist einerseits der legendäre **Strip**, wie man den Südteil des Las Vegas Boulevards nennt, und andererseits **Downtown Las Vegas** um die Fremont Street. Man könnte theoretisch beide Teile an einem Tag besichtigen, doch das wäre dann „Las Vegas im Schnelldurchlauf“.

Las Vegas ist nämlich bekannt als **Entertainment Capital** und **Shopping Destination** und ein gemütlicher Bummel über den Strip mit Shopping, Besuch von Sights und Attraktionen sowie Verschnaufpausen erfordert gut einen ganzen Tag; Downtown nimmt zudem zumindest ein paar Stunden in Anspruch. Und da es abgesehen von den Hotels und Casinos auch einige interessante **kulturelle Einrichtungen** – z. B. Mob Museum 25 oder Neon Museum 28 – sowie Sehenswertes wie die Springs Preserve 30 gibt, sind zwei Tage Aufenthalt das Minimum, **drei Tage die ideale Lösung.**

Die Fountains of Bellagio (s. S. 25) vor dem Paris Las Vegas 12

Zum Verwechseln ähnlich: der Canal Grande mit Gondeln im Hotel The Venetian 5

071lv Abb.: mb

1. Tag: Über den Strip

Der erste Besuchstag steht im Zeichen des Strip, des weltberühmten Abschnitts des Las Vegas Boulevard mit dem Stratosphere Tower im Norden und dem Casinokomplex Mandalay Bay im Süden als Ankerpunkte.

Vormittags

Vom **Stratosphere Tower** 1, dem höchsten freistehenden Bau westlich des Mississippi, gibt es Gelegenheit zu einem ersten Überblick. Ansonsten ist der Nordbereich des Strip eher enttäuschend: Neben riesigen Baulücken fällt hier das etwas in die Jahre gekommene **Casino-Hotel Circus Circus** 2 – mit dem Vergnügungspark Adventuredome – ins Auge. Ein Stückchen weiter befindet sich das **SLS (ehem. Sahara)**, ein Hotel, das an die Monorail angeschlossen ist und damit dem nördlichen Teil des Strip zu mehr Attraktivität verhilft.

Vom Stratosphere Tower geht es – idealerweise per Bus – südwärts zu den ersten Attraktionen: dem architektonisch markanten Einkaufszentrum **Fashion Show** (s. S. 76) und den Schwesterhotels **Wynn & Encore** 3 mit ihren Hotels, Spas und Gastronomieangeboten. Ab hier reihen sich die weltberühmten **Themenhotels** auf, z. B. das **Treasure Island** 4 oder das **Venetian** 5, das mitten in der Wüste eine Gondelfahrt auf dem Canale Grande ermöglicht. Das berühmte **Mirage** 6, ehemalige Wirkungsstätte von Siegfried & Roy, bietet einen riesigen Vulkan und einen ebenso großen Wasserfall. Das **Flamingo** 10 mit seiner karibischen Poollandschaft zählt zu den älteren Casino-Hotels und wurde vom „Mobster" Bugsy Siegel gegründet. **Caesars Palace** 11 versetzt einen in die Zeiten der römischen Kaiser. Zum Caesars gehört der gegenüberliegende **LINQ-Komplex** mit Hotel, Fußgängerpassage und dem unübersehbaren **High Roller** 9 (Riesenrad).

Das **Paris Las Vegas** 12 ist unschwer an den Nachbauten von Tri-

072lv Abb.: mb

umphbogen, Louvre oder der Pariser Oper zu erkennen. Das **Bellagio** ⑬ setzt in Sachen Eleganz am Strip Maßstäbe und bietet ein von Musik untermaltes „Wasserballett".

Mittags und nachmittags

Zugegeben, nach einiger Zeit setzt trotz all der besonderen Bauten ein gewisser Ermüdungseffekt ein und plötzlich sehen die Hotels alle gleich aus – was in Wahrheit aber nur für die Casinos, nicht aber für den Rest zutrifft. Botanische Gärten und Tiershows, die Gestaltung der Shoppingmalls und die themengebundenen **Attraktionen** machen durchaus einen Unterschied. Möglichkeiten zu einer Mittagspause gibt es in den Hotelkomplexen massenhaft, preiswerter isst man aber z. B. bei **Fatburger** (s. S. 62, mit Barbetrieb und ausgezeichneten Burgern).

Gestärkt geht es weiter. Das **CityCenter** ⑮ ist eine „Stadt in der Stadt" und hat sogar sein eigenes Verkehrsmittel: Eine Magnetbahn quert den Komplex. **Planet Hollywood** ⑯ ist mit seinen Miracle Mile Shops besonders bei Jüngeren beliebt. Das **Monte Carlo** ⑰ erinnert an den Place du Casino des monegassischen Stadtteils.

Ein **Park**, der zugleich auch zur Sport- und Konzerthalle **T-Mobile Arena** (s. S. 28) führt, Heimat des neuen Eishockeyteams Vegas Golden Knights, trennt das Monte Carlo vom **New York-New York** ⑱. Letzteres ist perfekt für alle, die sich heimlich an die Ostküste sehnen: Es bildet die Skyline von Manhattan – inkl. Empire State, Chrysler Building und Freiheitsstatue – nach. Das **MGM Grand** ⑲ ist das zweitgrößte Resorthotel der USA nach Venetian ⑤/Palazzo und bietet für Krimifans „CSI – The Experience".

Das **Tropicana** ⑳ versetzt einen auf eine Insel in der Karibik und das **Excalibur** ㉑ an den Hof von König Artus – die Rittershow Tournament of Kings macht es perfekt für Familien. Das **Luxor** ㉒ bietet ein Kontrastprogramm zum Excalibur und zeigt die Welt des alten Ägypten samt Pyramide und Sphinx. Als letztes erreicht man das **Mandalay Bay** ㉓ mit Lagunenlandschaft und Aquarium (vor allem sind Haie zu sehen).

Tipp: Aufgrund der zwar faktisch nicht sehr langen, jedoch praktisch ermüdenden Gehstrecken zwischen den einzelnen Highlights kann man am Strip auch in einen Bus einsteigen (s. S. 128) oder im südlichen Teil die kostenlose Monorail nutzen.

Abends

Eine **Show am Abend** ist für Las Vegas natürlich ein Muss – ob man eine Show des Cirque du Soleil (s. S. 68), eine Kabarett- oder eine Tanzshow wählt, ist Geschmackssache. Zuvor genießt man in einem der zahlreichen Lokale **Dinner**, günstigerweise in dem Komplex, in dem sich auch das Theater befindet, und hinterher geht es noch auf einen kurzen Abstecher in einen der angesagten **Nightclubs** oder in eine nette Bar ...

2. Tag: Downtown Las Vegas

In Downtown Las Vegas halten **sich Kultur, Shopping** und **Entertainment** die Waage. Hier im „echten" Las Vegas sind Casinos in erster Linie tatsächlich noch Casinos. In Downtown lässt sich jedoch auch beobachten, wie ein über Jahre vernachlässigter Innenstadtbereich immer mehr an Attraktivität gewinnt. Jüngstes Beispiel ist der **Downtown Container Park** (s. S. 76).

073lv Abb.: mb

Erste Tageshälfte

Alles über die Rolle des organisierten Verbrechens und dessen Bekämpfung erfährt man im sehenswerten **Mob Museum** 25. Hierfür ist es sinnvoll, ein paar Stunden bzw. den ganzen Vormittag einzuplanen. Als nächstes böte sich das **Neon Museum** 28 an, wobei der Besuch dort wegen der obligatorischen Touren im Voraus geplant werden muss; im Sommer ist eine Abendtour empfehlenswert. Wer mit Kindern unterwegs ist, könnte stattdessen das **DISCOVERY Children's Museum** (s. S. 56) nahe dem Symphony Park (auch architektonisch sehenswert!) anschauen.

Zweite Tageshälfte

Der Nachmittag gehört dem Shopping: Die **Las Vegas Premium Outlets North** (s. S. 75) und **South** (s. S. 76) sind beide leicht mit dem Bus erreichbar und locken mit unglaublichen Angeboten. Nach dem Einkauf lädt z. B. der Triple 7 Brewpub (s. S. 71) im Main Street Station Casino vor allem während der Happy Hour zu kühlem Bier und Essen ein. Die **Fremont Street Experience** 24 bietet nicht nur Casinos und Souvenirshops, sondern auch Straßenkünstler, Konzerte und *ziplines* (Seilrutschen). Interessant ist auch der **Downtown Container Park** (s. S. 76) mit seinen Läden und Lokalen. Zu später Stunde kehrt man in die Bars im angrenzenden **Fremont East Entertainment District** (s. S. 36) ein.

3. Tag: Die Mojave-Wüste

Nach zwei Tagen Glitzer und Glamour in Las Vegas ist man reif für einen **Ausflug ins Umland**, in die faszinierende Landschaft der Mojave-Wüste. Auf dem Weg dorthin liegt zunächst aber das sehenswerte Springs Preserve 30.

Das MGM Grand ist eines der größten Hotels der USA 19

Das gibt es nur in Las Vegas

- ***Casino-Themenwelten*** *wie der Palast des Caesar (11), eine ägyptische Pyramide (22), eine mittelalterliche Ritterburg (21) oder Städte im „Kleinformat“ wie Venedig (5), Paris (12) oder New York (18) – und das sogar zum dort Wohnen!*
- ***Spielautomaten,*** *soweit das Auge reicht. Sogar im Flughafen wird man von einarmigen Banditen empfangen.*
- ***Heiraten*** *in Las Vegas ist dank wenig Papierkrieg und einer riesigen Palette an unterschiedlichsten Wedding Chapels eine Sache von Stunden (s. S. 86).*
- *Wo viel Reichtum zu finden ist, existiert auch viel Armut und entsprechend hoch ist die Zahl an* ***Pawn Shops*** *(Pfandhäuser). Ebenfalls verbreitet sind* ***Gambling Stores*** *(mit Zubehör für Spiele und Spieler aller Art) und* ***Shooting Ranges*** *(Schießanlagen).*
- *Über der Fremont Street Experience (24) am Seil schweben: eine* ***„zipline“*** *(Seilrutsche) macht es möglich. Ebenfalls ungewöhnlich: mit dem* ***Helikopter*** *über den Strip oder zum Grand Canyon fliegen (s. S. 120).*
- *In Las Vegas gibt es* ***Luxushotels zu Schnäppchenpreisen*** *und dank der überall erhältlichen* ***Coupons*** *auch Rabatte bei Shows und Attraktionen, in Restaurants und Shops (s. S. 108).* ***Menschen in Kostümen*** *– z. B. als Comicfiguren – machen Reklame für Shows und Shops und Trucks fahren mit Billboards (Reklametafeln), die für Striptease-Bars oder neue Shows werben, den Strip entlang.*
- ***Entertainment 24/7:*** *Mit dem High Roller (9) verfügt Las Vegas über eines der größten Riesenräder der Welt, dazu gibt es Achterbahnen, Aquarien, Ritterschlachten, Vulkanausbrüche, Piratenüberfälle, Lichtshows, Wasserspiele, den Trevibrunnen, den Eiffelturm und eine Tropenwelt.*

009lv Abb.: mb

Fast so eindrucksvoll wie das Original: der Eiffelturm des Paris-Casinos (12) in Las Vegas

008lv Abb.: mb

Vormittags und mittags

Auf dem ausgedehnten Areal des **Springs Preserve** 30 erfährt man mehr darüber, wie Las Vegas zunehmend auf Wasser- und Energieeinsparung sowie Umweltschutz achtet. Neben Ausstellungen gibt es einen Botanischen (Lehr-)Garten und Trails, die Einblick in Flora und Fauna der Mojave-Wüste geben. In der Nachbarschaft lädt das **Nevada State Museum** 31 dazu ein, in die Geschichte des Bundesstaates einzutauchen, ehe sich das zugehörige Café zur Mittagspause anbietet.

Nachmittags

Keine 30 km westlich des Springs Preserve befindet sich der **Red Rock Canyon** 33. Schon das modern und höchst informativ gestaltete Besucherzentrum lohnt einen Besuch. Während der Fahrt auf der rund 30 km langen Schleifenstraße – mit Gelegenheit zu Stopps und kürzeren oder längeren Wanderungen – lernt man viel über die Mojave-Wüste.

Alternativ böte sich ein Ausflug zum **Valley of Fire State Park** 35 im Westen der Stadt an, etwa 90 km östlich des Springs Preserve. Die Rückfahrt könnte dann über den **Lake Mead** 34 erfolgen (noch einmal ca. 150 km) – mit Stopp an einem der dortigen „Strände". Wer von Las Vegas eine Weiterfahrt in Richtung Utah plant, könnte das Valley of Fire auch auf der Weiterfahrt „mitnehmen".

Abends

Nach einem heißen Tag in der Wüste böte sich ein kühles Bad in einem der angesagten **Hotelpools** mit Bars oder Klubs (s. S. 73) an – oder vielleicht eher eine entspannende Behandlung in einem der **Luxusspas** (s. S. 118)?

Der Red Rock Canyon 33 lohnt einen Ausflug

The Strip (Las Vegas Boulevard)

Der Strip – der südliche Abschnitt des Las Vegas Boulevards – ist ein Mythos und verkörpert all das, was man mit „Vegas“ verbindet: Hollywood-Kulissen und grüne Oasen, Shows und Achterbahnen, Spielhöllen und Megahotels – eine glitzernde Kunstwelt mitten in der Wüste, die man gesehen haben muss.

Genau genommen ist der **Las Vegas Boulevard** *die* Hauptachse durch das Las Vegas Valley: Er durchquert das Tal in Nord-Süd-Richtung über fast 83 km, von der parallel verlaufenden Autobahn I-15 nördlich des Las Vegas Motor Speedway und der Nellis Airforce Base südwärts bis zur Ortschaft Jean, wo die Straße neben der I-15 im Nichts endet.

Der als **„Strip“** weltberühmte 6,8 km lange Abschnitt des Las Vegas Boulevard ist streng betrachtet und trotz der Las-Vegas-Adressangaben gar kein Teil der Stadt Las Vegas, sondern gehört zu den Gemeinden Paradise und (zu einem kleineren Teil) Winchester, die wie die Stadt Las Vegas beide im Clark County gelegen sind. Der Strip beginnt exakt an der südlichen Stadtgrenze von Las Vegas, an der Kreuzung mit der Sahara Avenue. Von hier verläuft er nach Süden bis zur Kreuzung mit der Russell Road (Mandalay Bay Hotel). Von den berühmten Attraktionen befindet sich also lediglich der Stratosphere Tower auf Stadtgebiet.

EXTRAINFO

Altersgrenze

Das **Spielen in Casinos ist erst ab 21 Jahren erlaubt**, betreten dürfen hingegen auch Jüngere die Casinos. Schließlich führt beispielsweise allein der Weg zur Hotellobby meist durch die Spielhallen und auch Shops, Lokale oder Pool können oft nur so erreicht werden.

Casino-Komplexe dominieren die faszinierende Skyline von Las Vegas

034lv Abb.: lvcva

❶ Stratosphere Tower ★★★ [C8]

Seit 1996 überragt der 350 m hohe Stratosphere Tower weithin sichtbar die Metropole Las Vegas. Der höchste frei stehende Bau westlich des Mississippi ist zum Wahrzeichen der Stadt geworden.

Der Stratosphere Tower setzte bei seiner Eröffnung 1996 neue Maßstäbe als zweithöchster frei stehender Aussichtsturm der westlichen Hemisphäre nach dem CN Tower in Toronto und zugleich als neunthöchstes frei stehendes Gebäude in den USA. In seiner ufoartig ausladenden Bekrönung befinden sich in 250 m Höhe **Hochzeitskapellen**, **Konferenzräume**, ein **Restaurant** und eine **Bar**. Dort neigen sich die Fensterscheiben im 60°-Winkel nach außen, doch auf der **Aussichtsterrasse** und über der obersten Plattform in 280 m Höhe wird es noch aufregender.

Zunächst ist da die 2003 installierte offene **Gondel XScream**, in der acht Personen über die Plattformkante geschleudert werden und zwischen Himmel und Erde zum Stehen kommen. Etwas gemächlicher bewegt sich **Insanity** im Kreis, allerdings ebenfalls mit freiem Blick in die Tiefe. Noch ein Stockwerk höher lässt man sich per **Big Shot** den äußersten Stahlmast hinaufkatapultieren oder sich mit **Insanity** an einem Kran-Arm in Gondeln drehen. Ein **SkyJump** vom 108. Stock schließlich erlaubt den komplett freien Fall hinunter – etwas für ganz Mutige. Im Inneren des Turms und in den angrenzenden Bauten sind über 2400 Gästezimmer untergebracht.

035lv Abb.: mb

⊼ *Der Stratosphere Tower ist der höchste frei stehende Bau westlich des Mississippi*

› 2000 S. Las Vegas Blvd., www.stratospherehotel.com/attractions, So.-Do. 10-1 Uhr, Fr./Sa 10-2 Uhr, Zutritt zum Tower Observation Deck: $ 20, Unlimited Rides Pass (Insanity, Big Shot und X Scream Rides) $ 39,95

› **Stratosphere's SkyJump**, www.skyjumplasvegas.com, So.-Do. 10-1, Fr./Sa. 10-2 Uhr, $ 119,99, ab 14 Jahre

› **107 Sky Lounge & Air Bar**, grandiose Aussicht!

› **Shows:** MJ Live, Rock Legends Tribute u. a.

2 Circus Circus ★ [C11]

Nur ein paar Schritte entfernt, an der Kreuzung mit der Sahara Avenue, befand sich das ehemalige **Sahara**, das 2014 als **SLS Las Vegas Hotel & Casino** neu eröffnete. Daneben und gegenüber fallen derzeit mehrere stillgelegte Baustellen bzw. Bauruinen auf: Hier waren einmal Großprojekte wie **Echelon** und **Fountainebleau** geplant, nun soll 2020 ein Mega-Resort-Komplex namens Resorts World eröffnet werden.

Unübersehbar durch einen riesigen Clown markiert folgt das **Circus Circus** mit dem größten Zirkuszelt der Welt. Hier finden immer noch Vorstellungen statt, doch Hauptattraktion ist der **Adventuredome**, ein klimatisierter Vergnügungspark. Unter einer pinkfarbenen Kuppel gibt es u.a. eine Doppellooping-Achterbahn, Wildwasserfahrten und Lasershows. 1968 war Circus Circus zunächst ohne Hotel eröffnet worden, zwischen 1972 und 1996 kam dann ein Gästebereich hinzu.

Wynn & Encore zählen zu den luxuriösensten Hotelkomplexen der Stadt

036lv Abb.: mb

› **Circus Circus**, 2880 S. Las Vegas Blvd., www.circuscircus.com. Mit Hotel, Casino und Restaurants wie einem Steakhouse oder dem Circus Buffet.
› **Shows:** Circus Acts, Zirkusbühne, tgl. stündlich von 11.30 bis mindestens 22.30 Uhr, Eintritt frei
› **Adventuredome**, www.adventuredome.com, tgl. mind. 11–18 Uhr, Fr./Sa. bis 24 Uhr, Tagespass $ 32,95 oder Erwerb von Tickets für einzelne Rides ($ 6–12).

3 Wynn Las Vegas & Encore Hotel ★★ [C13]

Die beiden formal korrespondierenden Türme der Schwesterhotels Wynn und Encore – der eine konkav, der andere konvex gewölbt – markieren seit 2005 (Wynn) bzw. 2009 (Encore) den Anfang des sehenswertesten Abschnitts des Strip. Dieser zweiteilige Komplex aus dezent verspiegelten Bauten ist weniger wegen der Attraktionen und Casinos bekannt als wegen der **Luxushotels**, der **Spas** und **Pools**, der **Klubs** und **Restaurants** der absoluten Spitzenklasse. Auch der **18-Loch-Golfplatz** in einem ausgedehnten Park östlich der Hotels ist eine Besonderheit.

Nachtklubs wie **Intrigue** (s. S. 72) gehören zu den beliebtesten der Stadt und auch die Shoppingmall Esplanade (s. S. 76) ist sehr exklusiv. Der hoteleigene Fuhrpark soll u.a. aus Maseratis und Ferraris bestehen. Sehenswert ist der **Lake of Dreams at Wynn**, eine Wasserfall-, See- und Parklandschaft mit abendlichen Lightshows.

› 3131 S. Las Vegas Blvd., www.WynnLasVegas.com
› **Shows:** u. a. Le Rêve
› **Lake of Dreams at Wynn**, tgl. kostenlose Lightshows, jede halbe Stunde von Sonnenuntergang bis 0.30 Uhr

EXTRATIPP

Fashion Show Mall

Gegenüber dem Encore ❸, markiert durch die **„Cloud"**, eine gigantische Scheibe, die einem Ufo gleich über dem Komplex schwebt, befindet sich die **Fashion Show Mall** (s. S. 76). Diesesexklusive Einkaufszentrum bietet rund 250 Läden wie Apple, Abercrombie & Fitch, Levi's, Tiffany oder Saks Fifth Avenue sowie Kaufhäuser (z. B. Neiman Marcus) und dazu dank zahlreicher Lokale und Cafés auch Gelegenheiten zur Pause. Fr. bis So. gibt es zwischen 12 und 17 Uhr stündlich eine Modenschau.

❹ Treasure Island ★ [B13]

Karibik und Piraten waren einst die Themen im Treasure Island, kurz **„TI"** genannt, das 1993 eröffnet wurde.

Bis 2013 war die Show „Sirens of TI" in der künstlichen Karibiklandschaft vor dem Hotel ein Zuschauermagnet, dann wurde im Zuge einer Expansion mehr Platz für ein Shoppingareal benötigt. Eine Art Ersatz ist **„Marvel Avengers S.T.A.T.I.O.N."**, eine mulimediale Ausstellung zu den Comics und Filmen von Marvel. Dort kann man beispielsweise Captain America erleben, wie er das Böse bekämpft. Außerdem tritt der **Cirque du Soleil** mit „Mystère" im Treasure Island auf.

› 3300 Las Vegas Blvd., S., www.treasureisland.com. Mit Hotel, Casino und Restaurants wie Phil's Italian Steak House, Gilley's Bar-B-Que, The Buffet at TI, Style Beef & Dogs, The Coffee Shop oder Kahuanaville.

› **Shows:** u. a. Mystère (Cirque du Soleil, s. S. 68) und Marvel Avengers S.T.A.T.I.O.N., tgl. 10–22 Uhr, $ 34

❺ The Venetian ★★★ [B14]

Der beeindruckende und mit viel Liebe zum Detail errichtete Nachbau der berühmten Stadt an der Lagune bildet den Anfang einer Reihe aufwendig gestalteter, sehenswerter „Theme Hotels" wie Paris, Bellagio, New York-New York, Luxor oder Excalibur.

Das Venetian mit Venezia Tower und dem Schwesterhotel **Palazzo** stellt mit insgesamt über 4000 Zimmern einen der größten Hotelkomplexe der Welt dar. Ob Dogenpalast oder Rialtobrücke, Markusplatz oder Canale Grande – alles wurde authentisch nachgebaut, oft im Originalmaßstab. Man kann auf dem Canale sowohl im Freien als auch im klimatisierten Inneren eine romantische **Gondelfahrt** unternehmen oder stilecht Masken einkaufen. Sehenswert ist die von einem künstlichen Sternenhimmel überwölbte, mit Statuen, Wand- und Deckengemälden geschmückte Shoppingmall **The Grand Canal Shoppes** (s. S. 77) mit über 160 Luxusboutiquen, Lokalen und Cafés entlang dem „Kanal".

EXTRATIPP

„Off Strip"

Die Desert Inn Road führt zur West Side, dem Areal jenseits der I-15. Hier liegt **Chinatown** (4255 Spring Mountain Rd., http://lvchinatownplaza.com), ein eher kleines Viertel mit asiatischen Geschäften und Lokalen. Es wirkt authentisch und ist vor allem bei Veranstaltungen attraktiv. Wer möchte, kann auf der Fahrt westwärts (z. B. zum Springs Preserve ㉚) einen Abstecher hierher einbauen.

Ebenfalls nicht weit vom Strip entfernt, noch östlich der I-15, befindet sich das sehenswerte **Erotic Heritage Museum** (s. S. 56).

Beide Hotels verfügen ausschließlich über mindestens 60 m² große Suiten, das 2007 eröffnete Palazzo ist außerdem ein **„grünes Hotel"** mit solarbeheizten Pools und erbaut aus Recyclingmaterialien. Zu den Highlights des 1999 eröffneten und 2003 renovierten Venetians gehört das **Canyon Ranch Spa** (s. S. 118), eine der größten und luxuriösesten Wellnessoasen der Stadt. An der Stelle Klein-Venedigs stand einst das legendäre Sands Hotel, in dem Stars wie Frank Sinatra oder Sammy Davis Jr. auftraten und Filme gedreht wurden. Der Name ist lediglich beim zum Venetian/Palazzo gehörigen **Sands Expo Convention Center**, einem Messe- und Tagungszentrum, erhalten.

› 3355 S. Las Vegas Blvd., www.venetian.com, bzw. 3325 S. Las Vegas Blvd. www.palazzo.com. Mit Hotels, The Grand Canal Shoppes, über 40 Restaurants (u. a. SUGARCANE raw bar grill, s. S. 62), Nightclubs wie **TAO Nightclub** (s. S. 73) und The Dorsey (s. S. 70).
› **Gondelfahrten,** So.–Do. 10–23 Uhr, Fr./Sa. bis 24 Uhr, im Freien: 11–22 Uhr, $ 29 pro Person
› **Madame Tussauds Las Vegas,** www.madametussauds.com/las-vegas/en, So.–Do. 10–20, Fr./Sa. 10–21 Uhr, $ 32, vor dem Eingang zum Hotel-Casino
› **Show:** „BAZ – Star Crossed Love" u. a.

6 Mirage ★ [B14]

Das 1989 als erstes Mega-Resort von Steve Wynn in Las Vegas eröffnete Mirage setzte neue Maßstäbe was Luxus und Entertainment angeht und wurde durch die magische Tiershow von **Siegfried & Roy** berühmt. Nach dem schweren Unfall von Roy am 3. Oktober 2003 wurde die Show eingestellt und das **Siegfried & Roy's Secret Garden & Dolphin Habitat** eingerichtet. In dschungelartiger Landschaft gibt es hier weiße Tiger und Löwen zu bewundern, dazu Delfine und Fische in diversen Becken sowie eine üppige Flora.

Hauptattraktion am Abend ist die Eruption eines 30 m hohen künstlichen **Vulkans** vor dem Hotel, dazu gibt es Musikbegleitung von Mickey Hart von The Grateful Dead und Zakir Hussain. Die übrige Zeit verdeckt ein riesiger Wasserfall den Vulkan.

› 3400 S. Las Vegas Blvd., www.mirage.com. Mit Hotel, Casino, Restaurants und Bars wie Rhum Bar, Parlor Cocktail Lounge oder LVB Burger.
› **The Volcano,** „Ausbruch" tgl. 20/21, Fr./Sa auch 22 Uhr
› **Siegfried & Roy's Secret Garden & Dolphin Habitat,** tgl. 10–17 Uhr, $ 22
› **Lobby Aquarium,** riesiges Salzwasserbecken hinter dem Frontdesk mit 85 verschiedenen Fischarten
› **Shows:** u. a. Boyz II Men und „The Beatles LOVE" vom Cirque du Soleil im eigens dafür kreierten Theater mit über 2000 Sitzen und 360° drehbarer Bühne.

7 Harrah's ★ [B14]

Gegenüber dem Mirage liegt mit Harrah's eines der altmodischeren, „gewöhnlicheren" Hotels am Strip, dazu ist es mit über 1200 *slot machines* („Glücksspielautomaten") eher ein „klassisches" Casino. Es geht auf William F. Harrah (1911–1978) zurück, der 1937 Harrah's Entertainment in Reno gegründet hatte. 1973 eröffnete in Las Vegas Harrah's als „Holiday Casino", 1977 wurde es renoviert und übernahm das Karnevalsthema, wie es heute noch die Fassade zeigt. 1980 vom Holiday Inn erworben und 1992 umbenannt in „Harrah's Las Vegas", wuchs der Komplex im Laufe der Zeit zur heutigen Größe mit fast 2700 Zimmern in mehreren Türmen an. Seit 2010 steht es unter dem Schirm von Caesars Entertainment Corporation.

Auf der Rückseite des Hotels, das mit dem **The LINQ Resort & Casino** 8 verbunden ist, befindet sich eine Haltestelle der Las Vegas Monorail.

› 3475 S. Las Vegas Blvd., www.harrahslasvegas.com. Mit Hotel, Casino und Restaurants.
› **Shows:** u. a. X Country oder Menopause The Musical
› **Carnaval Court** – Open-Air-Partyareal mit Livebands, DJs, Bars und Restaurants

8 The LINQ ★ [B14]

The LINQ Resort & Casino. 1959 als „Flamingo Capri" erbaut, 1979 in „Imperial Palace" und 2012 in „The Quad" umbenannt, befindet es sich heute ebenfalls in Besitz von Caesars und wurde 2012/2013 und 2017 renoviert und umgebaut. Sehenswert ist das **Auto Collections Vegas Car Museum** im zugehörigen Parkhaus mit über 250 historischen Fahrzeugen wie Johnny Carson's 1939er Chrysler Royal Sedan oder die 1962 gebaute Lincoln-Continental-Towne-Limousine von Präsident John F. Kennedy. Das Hotel ist über die **LINQ Promenade** (s. S. 77) mit dem Riesenrad, dem High Roller 9 verbunden.

› 3535 S. Las Vegas Blvd., www.caesars.com/linq. Mit preiswertem Hotel, Casino, Bars und Restaurants, darunter Guy Fieri's Vegas Kitchen & Bar.
› **Shows:** u. a. Divas Las Vegas
› **The Auto Collection,** 5th Floor (Hotel District 3, Richtung Monorail und Parkhaus), tgl. 10–18 Uhr, $ 12,95

9 High Roller Observation Wheel ★★★ [C15]

The LINQ steht für das Las Vegas des 21. Jahrhunderts. Das Motto des Entertainmentkomplexes von Caesars Entertainment mitten am Strip heißt „F.A.M.E. – Food, Art, Music, Entertainment". Abgesehen vom Hotel The LINQ 8 und einer einladenden Promenade ist das Riesenrad High Roller Observation Wheel die Topattraktion.

Am Strip eröffnete im Frühjahr 2014 zwischen bzw. hinter den beiden Hotel-Casinos The LINQ (früher The Quad) und Flamingo 10 die **LINQ Promenade** (s. S. 77). Diese rund 400 m lange Fußgängerzone bietet Shops, vor allem aber Entertainment, Bars, Cafés und Lokale, viele mit Freiplätzen. Der Weg wird am Strip durch eine Art Bogen namens **The Vortex** (Hetzel Design), der abends durch LED-Lichter erstrahlt, markiert und

◁ *Prächtig wie ein italienischer Palazzo: die Hotellobby des Venetian*

führt am **Brooklyn Bowl**, einer Eventarena für über 2000 Besucher mit 32 Bowlingbahnen, vorbei.

Endpunkt ist der **High Roller**, mit 168 m Höhe das derzeit höchste Riesenrad der Welt und zugleich ein neues Wahrzeichen der Stadt. 28 kugelförmige, verglaste Kabinen mit rund 6,7 m Durchmesser bieten jeweils bis zu 40 Gästen Platz, wobei eine Runde etwa eine halbe Stunde dauert und einen grandiosen Rundumblick auf den Strip und die Umgebung bietet. Wem das zu wenig ist: Es gibt außerdem eine **Happy Half Hour Cabin** (Barbetrieb) und es wird **Yoga in The Sky** angeboten.

› **High Roller Observation Wheel,** www.caesars.com/linq/high-roller, tgl. 11–2 Uhr, $ 25 (online: $ 22) vor 17 Uhr, sonst $ 37 ($ 32)

10 Flamingo ★ [B15]

Das Flamingo – umgeben von **tropischer Natur** und mit einer **karibisch anmutenden Poollandschaft** versehen – zählt mit seiner an Miami Beach erinnernden Stilmischung aus Art-déco und Streamline Modern zu den älteren Casino-Hotels. 1945 war **Bugsy Siegel** nach Las Vegas gekommen und da es damals nur El Rancho und Frontier gab, plante er ein neues Hotel, das allerdings bei seiner Eröffnung Ende 1946 weitab vom Schuss lag. Dennoch galt es mit seinen 105 Zimmern als luxuriösestes Hotel weltweit.

Ab 1947 hieß es „The Fabulous Flamingo“ und war für aufwendige Shows, eine gepflegte Außenanlage mit Pools und klimatisierte Zimmer bekannt. Von 1974 an betrieb die Hilton Corporation das „Flamingo Hilton“, 1993 wurde der alte Bau abgerissen und danach übernahm erst Harrah's, dann Caesars Entertainment das in „Flamingo Las Vegas“ umbenannte Hotel mit heute über 3600 Zimmern.

Sehenswert ist vor allem das **Flamingo Wildlife Habitat** mit über 60 exotischen Vogelarten wie Enten, Schwänen, Ibissen, Pelikanen, Kolibris und natürlich Flamingos, Schildkröten und Fischen (Koi). Der zugehörige Garten ist schön zum Ausruhen, besonders der ruhigere Teil um die kleine Wedding Chapel. Passend zum karibisch-tropischen Ambiente bietet sich Jimmy Buffetts Margaritaville zur Stärkung an.

Neben dem Flamingo operierte einst **Bill's Gamblin' Hall and Saloon**, 2014 eröffnete das Hotel **The Cromwell** (s. S. 127), u. a. mit Drai's Nightclub/Beachclub.

› 3555 S. Las Vegas Blvd., www.caesars.com/flamingo-las-vegas. Mit Hotel, Casino, kleiner Einkaufspassage, Bars und Restaurants.

› **Shows:** u. a. Legends in Concert und X Burlesque Show, www.xburlesque.com, 22 Uhr. Es gibt nachmittags auch Workshops mit den Showgirls.

› **Flamingo Wildlife Habitat,** tgl. 8 Uhr bis Sonnenuntergang, Eintritt frei, Fütterungen der Tiere 8.30 und 14 Uhr

11 Caesars Palace ★★ [A15]

Der gesamte Abschnitt des Strip zwischen Sands Avenue und Flamingo Road wird von Caesars Palace dominiert, der 1966 eröffnete und als prachtvoller Palast des römischen Herrschers Gaius Iulius Caesar und seines Nachfolgers, Augustus, gestaltet ist. Er springt mit seinen antikisierenden Säulen und tempelartigen Gebäuden, mit vergoldeten Statuen und Springbrunnen sofort ins Auge.

Das Casino ist mit rund 15.000 m² riesig, aber dennoch eher zur Neben-

sache geworden. Einkaufspassagen wie **Appian Way** und **Forum Shops** (Letztere sind auch zum „Peoplewatching" ideal, da es bequeme Sitzgelegenheiten gibt), aber auch die Restaurants und Klubs sind überwältigend und verschiedene Attraktionen wie die „Moving Statues" des **Fall of Atlantis Fountain** oder das benachbarte **Aquarium** in den Forum Shops (s. S. 77) sorgen für Unterhaltung.

Cleopatra's Barge ist ein Klub in Form einer schwimmenden Barge, die Kleopatras königliches Boot nachahmt (Livemusik und DJs, Do.–Sa. 20–3 Uhr). Unter anderem betreiben hier die Starköche Bobby Flay, Gordon Ramsay oder Nobu Matsuhisa Restaurants, dazu gibt es ein Kino und eine über 4000 Zuschauer fassende Veranstaltungshalle namens **The Coliseum at Caesars Palace.**

2003 war dieses 45 m (bzw. sieben Stockwerke) hohe Theater an der Stelle des alten Circus Maximus von 1962 eröffnet worden, die Baukosten betrugen $ 95 Mio. Es war speziell für eine Show von Céline Dion konzipiert worden und der Star trat bis 2007 regelmäßig hier auf. Danach wurde renoviert und eine neue Bühne entstand. Seit März 2011 tritt **Céline Dion** mit ihrer neuen Show „Céline" wieder saisonal auf, im Wechsel mit Elton John, Rod Stewart und Mariah Carey.

Entertainment hat im Caesars Palace Tradition, nicht erst seit Céline Dion. Hier fanden in den 1980er-Jahren schon Formel-1-Rennen statt und es gab spektakuläre Boxkämpfe. Die Kulisse diente als Drehort für

Ein Fantasiebrunnen in der Shopping Mall: der Fall of Atlantis Fountain in den Forum Shops (s. S. 77)

Caesars Entertainment Corporation

Die Anfänge der heute mächtigen Casino & Entertainment Company waren bescheiden: Gründer war ***William F. Harrah*** *(1911–1978), der 1937 einen kleinen Bingo-Parlor in Reno eröffnete. Daraus entstand ein Glücksspielimperium, das 1971 an die Börse ging. Nach Harrahs Tod übernahm das Holiday Inn, das 1990 selbst Teil des britischen Hotelunternehmens Bass PLC wurde. Dieses formte 1995 das Tochterunternehmen Harrah's Entertainment Inc., das 2005 von Caesars übernommen wurde. 2006 in eine Aktiengesellschaft umgewandelt, wurde das Unternehmen 2010 in „Caesars Entertainment Corporation" umbenannt. Inzwischen betreibt die Firma über 50 Casinos/Hotels auf vier Kontinenten und beschäftigt über 70.000 Mitarbeiter weltweit.*

In Las Vegas – im Vorort Paradise, in dem der Strip liegt, befindet sich der Firmenhauptsitz – gehören u. a. Caesars Palace, Bally's, Harrah's, Flamingo, Paris Las Vegas, Planet Hollywood, Rio, Nobu Hotel, Gansevoort Boutique Hotel, The LINQ und The Laurel Collection by Caesars Palace zum Konzern. Dazu kommen andere Geschäftszweige wie Shows, z. B. die Konzerte von Céline Dion oder die berühmten World Series of Poker (s. S. 34).

Kinofilme (z. B. „Rain Man" mit Tom Cruise und Dustin Hoffman) und außer Dion waren schon Bette Midler, Cher, Frank Sinatra, Liberace und David Copperfield zu Gast. Heute treffen sich die Stars und Sternchen gern in den angesagten Klubs im Haus.

Auch als **Hotel** sorgt Caesars Palace für Superlative: Die knapp 4000 Zimmer und Suiten sowie der 20.000 m² große Pool- und der 300.000 m² Konferenzbereich setzten neue Maßstäbe, was Luxus und Gästeservice angeht.

Die absoluten Luxusunterkünfte von Caesar's Palace heißen **Laurel Collection** und **Nobu**, die einen unscheinbaren Zugang vom Haupthaus aus haben. Nobu ist ein japanisch gestaltetes Boutiquehotel mit Toprestaurant.

› 3570 Las Vegas Blvd. South, www.caesars.com/caesars-palace
› **Shops:** Appian Way (s. S. 76) und Forum Shops at Caesars (s. S. 77)
› **Shows:** u. a. Céline Dion, Elton John oder Mariah Carey. Kostenfrei sind die Vorführungen in den Forum Shops wie die „Moving Gods" des „Fall of Atlantis Fountain" und das Aquarium, stündlich 10–23 Uhr.
› **Lokale:** u. a. Bacchanal Buffet , Gordon Ramsay Pub & Grill (s. S. 64), Guy Savoy (s. S. 62), Nobu Restaurant (s. S. 62), Mesa Grill u. a.
› **Sonstiges:** Venus Pool Lounge im Garden of the Gods Pool Oasis (s. S. 73), Omnia Nightclub (s. S. 72)

12 Paris Las Vegas ★★ [B15]

Bevor man den ebenfalls ungewöhnlichen Komplex von Paris Las Vegas erreicht, passiert man die neuen **Grand Bazaar Shops** (s. S. 77) und das „bescheidenere" **Bally's** (s. S. 123). Als es 1973 als „MGM Grand" eröffnete, war es mit seinen über 2000 Zimmern (heute mehr als 2800) das größte Hotel der Welt. Bei einem Feuer am 21. November 1980 – die größte Brandkatastrophe in der Geschichte von Nevada – kamen 84 Menschen ums Leben. 1989 übernahm die Firma Bally's das Hotel, das durch einen Gang mit dem benachbarten **Paris Las Vegas** verbunden ist.

Dieser **Nachbau der Seine-Metropole** mit Bauten wie dem Triumphbogen, dem Louvre oder der Pariser Oper, einem Spiegelsaal à la Versailles sowie mit Einkaufsstraßen unter Kunsthimmel – **Bally's-Paris Promenade** und **Le Boulevard** – mit typisch französischen Shops und Lokalen, steht New York-New York, Venetian und Caesars Palace an Strahlkraft und Faszination nicht nach.

Der **Eiffelturm** dominiert den Komplex, dessen klassizistische Hotelfassade, die in die Basis des Turmes hineingebaut ist, die Pariser Oper und den Louvre nachahmt. Obwohl er mit etwa 165 m nur halb so hoch ist wie das Original, bietet der Turm atemberaubende Aussicht. Als weiterer Eyecatcher dient eine riesige Montgolfiere als Symbol vor der Fassade.

Das **Casino**, das unter künstlichem Himmel zwischen den Stützen des Eiffelturms eingebaut ist, gehört zu den ungewöhnlichsten der Stadt. Der Komplex mit seinen knapp 3000 Gästezimmern, die sich in dem mehrstöckigen Gebäude hinter dem Casino verbergen, ist 1999 eröffnet worden.

› 3655 S. Las Vegas Blvd., www.caesars.com/paris-las-vegas. Mit Hotel, Casino, Einkaufspassage Le Boulevard (s. S. 77) und Restaurants wie Mon Ami Gabi oder Gordon Ramsay Steak.
› **Eiffel Tower Experience**,tgl. 9–24 Uhr, $ 16 bzw. ab 17 Uhr $ 22, oben Restaurant (kein Eintritt)
› **Shows:** u. a. Circus 1902 und Arabian Nights
› **Bally's Hotel** (s. S. 123), Casino und Restaurants, u. a. Zaubershow Masters of Illusion und Revue X Rocks

⓭ Bellagio ★★ [A15]

Gegenüber dem Paris Las Vegas breitet sich ein See aus und dahinter erhebt sich das Bellagio, architektonisch weniger spektakulär, doch in Sachen Eleganz ein Highlight unter den Hotel-Casinos am Strip. Schon die großzügige **Empfangshalle** mit den von Glaskünstler Dale Chihuly gestalteten „Fiori di Como" – Glasblüten an der Decke – und all dem echten, saisonal wechselnden Blumenschmuck ringsum ist sehenswert. Dazu gibt es exklusive Boutiquen in der luftigen Einkaufspassage, einen überdachten **Botanischen Garten**, einen Schokoladenbrunnen, ausgezeichnete Lokale sowie fast 4000 luxuriöse Gästezimmer.

Das Freigelände ist dem **Comer See** nachempfunden, luxuriöse Poolanlagen stehen Gästen zur Verfügung und die **Fountains of Bellagio** bieten ein von Musik untermaltes „Wasserballett" in dem künstlich angelegten See vor dem Hotel am Strip. Bei dieser aufwendigen Show, für deren Betrieb 30 Angestellte zuständig sind, kommen über 1200 Wasserdüsen und rund 4000 Lampen zum Einsatz, die eine einzigartige, computergesteuerte Sinfonie an Wasserfontänen bilden, die bis zu 140 m hoch spritzen.

Erbaut wurde das Bellagio 1998 von **Steve Wynn** an der Stelle des alten Dunes-Hotels, heute gehört es zum Imperium von **MGM Resorts International**. Das Casino ist unter Pokerspielern wegen Bobby's Room und hohen Einsätzen bekannt und passend zum Thema Wasser wird hier die Wassershow „O" von Cirque du Soleil gezeigt.

› 3600 S. Las Vegas Blvd., www.bellagio.com. Mit Hotel, Casino, Einkaufspassage und Restaurants.
› **Shows:** „O" (www.cirquedusoleil.com/o), Wassershow mit Tauchern, Schwim-

mern und Akrobaten; Fountains of Bellagio, Musik-, Licht-, Wassershow alle 15–30 Min. Mo.–Fr. 15–24, Sa. ab 11, So. ab 12 Uhr, gratis.

- **Buffet at Bellagio** (s. S. 64)
- **Sonstiges:** Spa, Conservatory & Botanical Gardens (24 Std., Eintritt frei), Chihuly Glass Sculpture (Hotellobby), Bellagio Gallery of Fine Art (tgl. 10–20 Uhr, Eintritt bei Sonderausstellungen $ 18)

CityCenter en detail

- **The Shops at Crystals** (s. S. 77), Shoppingkomplex von Daniel Libeskind mit Designerboutiquen und The Gallery (Werke des Glaskünstlers Dale Chihuly), Bars und Restaurants wie Cucina by Wolfgang Puck oder Todd English Pub. Sehenswert ist das Treehouse im Zentrum mit dem Mastro's Ocean Club, kein preiswertes, aber ein ausgezeichnetes Restaurant und allein schon wegen der Lage sehenswert.
- **Aria** (s. S. 126), geplant von Pelli Clarke Pelli Architects, mit Restaurants, Casino, Elvis Theater, Bars, Shops, Nightclubs und hochkarätigen Kunstwerken. Erstes Las-Vegas-Hotel mit LEED-Gold-Zertifizierung.
- **Mandarin Oriental** (s. S. 127), Luxushotel von Kohn Pedersen Fox, mit Hightech-Ausstattung und zwei Restaurants, Mandarin Bar und Spa. Ohne Casino!
- **Vdara** (s. S. 127), Boutiquehotel (Architekt: Rafael Viñoly) mit kreativer Innenraumgestaltung und LEED Gold Certification. Ebenfalls ohne Casino, zwischen Bellagio und Aria gelegen.
- **Veer Towers**, 37-stöckige Zwillingstürme mit geneigten Wänden und grau-gold schimmernder Fassade vom Reißbrett von Helmut Jahn. Nach der Fertigstellung 2010 mit LEED Gold ausgezeichnet.

14 The Cosmopolitan of Las Vegas ★ [B16]

Die zwei schlichten **dunklen Glaskuben** des Cosmopolitan stehen in Kontrast zu der das Hotel umgebenden bunten Lichterwelt. Auch wenn es den Anschein hat, als sei das Ende 2010 eröffnete Nobelhotel, das schon mehrfach unter die besten Hotels der Welt gewählt wurde, Teil des CityCenters 15, ist es das faktisch nicht.

Selbst das Casino passt in das eher elegante, seriös dunkel gehaltene Ambiente. Sehenswert ist der ungewöhnliche **Kronleuchter im Casino** mit über zwei Millionen Einzelkristallen – im Inneren versteckt sich die Cocktailbar „The Chandelier"! Besitzer des Komplexes war lange die Deutsche Bank, heute ist es die Blackstone Group.

- 3708 S. Las Vegas Blvd., www.cosmopolitanlasvegas.com. Hotel, Casino, Spa & Hammam, Restaurants, Bars und Klubs wie Marquee (s. S. 74).

15 CityCenter Las Vegas ★★★ [A16]

„A City within a City" – seit 2009 bildet das CityCenter, zentral am Strip gelegen, optisch das Stadtzentrum. Es gilt als Musterbeispiel moderner Baukunst, aber auch als Spiegel menschlicher Hybris, da einer der Bauten nie vollendet wurde.

Zwischen Bellagio und Monte Carlo, gegenüber dem Planet Hollywood, erhebt sich das CityCenter mit verglasten, stählern glänzenden Hoch-

Das CityCenter Las Vegas ist vor allem auch architektonisch ein beeindruckender Komplex

075lv Abb.: mb

häusern, Plätzen und Durchgängen sowie einer Magnetbahn (CityCenter Tram), die mit drei Stopps kostenlos den Komplex quert. Dazu gehören neben Hotels luxuriöse Eigentumswohnungen und ein Vergnügungsbereich mit Einkaufszentrum und Lokalen.

Dieses **größte private Bauvorhaben** in der Geschichte der USA, im Besitz von MGM Resorts International, wurde 2009 eröffnet. Zu Baubeginn waren vier Milliarden Dollar veranschlagt gewesen, mitfinanziert von Scheichs aus Dubai, dann sorgte jedoch die Wirtschaftskrise für eine Abspeckung der Pläne. Die **Architektur** ist modern und zugleich energiesparend und umweltfreundlich. Weltklassearchitekten wie Norman Foster, Daniel Libeskind, Rafael Viñoly, Cesar Pelli und Helmut Jahn waren involviert.

Es entstanden drei neue **Hotels** mit mehreren Tausend Zimmern, zwei Hochhäuser mit 900 **Wohnungen** (die Veer Towers) und ein **Einkaufszentrum.** Umweltfreundlichkeit und Energieeinsparung erhielten erstmals Bedeutung und brachten dem Komplex auf 1,5 Mio. m² Fläche mit eigenem Gaskraftwerk und gezielten Spar- und Energiemaßnahmen mehrere LEED-Siegel und den Ruf, das größte LEED-Projekt weltweit zu sein, ein.

Das Einkaufszentrum **The Shops at Crystals** stammt vom Reißbrett von Daniel Libeskind und David Rockwell und präsentiert sich in ungewöhnlich bizarrer Architektur mit zerklüfteter Dachlandschaft. Kunstwerke wie Glacia (Wasserskulpturen mit großen Säulen und Pools), Halo (Wasserkunst mit Licht) oder Bronzefiguren von Richard MacDonald (vor dem Cirque du Soleil-Theater) sorgen für Abwechslung.

An Hotels stehen das elegant-luxuriöse **Mandarin Oriental**, das umwelttechnisch vorbildliche **Hotel Aria** und das schicke Boutiquehotel **Vdara**, in dem Besucher in der Rezeption schon von einem Kunstwerk von Frank Stella begrüßt werden, zur Wahl. Insge-

EXTRATIPP

T-Mobile Arena und The Park

Südlich des Monte Carlo 17 und hinter New York-New York 18 befindet sich seit Frühjahr 2016 die **T-Mobile Arena,** eine Multifunktionshalle für 20.000 Zuschauer, die für Konzerte großer Stars und für Eishockeyspiele des neuen NHL-Teams **Vegas Golden Knights** genutzt wird. Eine Besonderheit ist die geschwungene Glasfassade, bei deren Bau eine besondere Biegetechnik zum Einsatz kam, außerdem sind die „Schüsselform" und die mit bronzefarbenen Metallplatten verkleideten Elemente architektonisch auffällig und die Riesen-Videoleinwand außen ungewöhnlich.

Benachbart liegt **The Park** (www.theparkvegas.com), der dem ebenfalls neuen Park Theater des Monte Carlo vorgelagert ist und die Verbindung zum New York-New York herstellt. Hier laden Bänke inmitten einer Bepflanzung im Stil der Mojave-Wüste mit schattenspendenden Bäumen zur Erholung ein, es gibt riesige **Kunstskulpturen** und zwei Wasserfälle, die nachts beleuchtet sind. **Restaurants** und **Bars** – z. B. das Beerhaus oder Sake Rok – sorgen fürs leibliche Wohl und auf der sich anschließenden **Toshiba Plaza** finden im Sommer Veranstaltungen statt.

•1 [A17] **T-Mobile Arena,** 3780 S. Las Vegas Blvd.

samt $ 25 Mio. wurden allein in **Kunst** investiert, rund 20 Kunstwerke sind auf dem Gelände verteilt, z. B. im Aria der „Lumia Fountain", der „Silver River" (Maya Lin), die Lichtprojektion „Vegas" von Jenny Holzer oder „Biomorph Forms" des englischen Künstlers Tony Cragg in der Aria TramLobby. Zwischen Aria und Vdara fällt eine überdimensionierte bunte „Kanu-Skulptur" namens „Big Edge" (Nancy Rubins) ins Auge und im Park zwischen beiden Hotels steht eine Skulptur von Henry Moore. Das Mandarin Oriental hat u. a. „Cactus LIFE" (Masatoshi Izumi) und „Typewriter Eraser – Scale X" von Claes Oldenburg & Coosje van Bruggen zu bieten.

› **Aria Express Tram,** tgl. 8–16 Uhr, Eintritt frei, Magnetbahn vom Bellagio mit Stopp „Crystals" (Shops und Aria Resort) zum Monte Carlo.

› **Infos zur Kunstsammlung** im CityCenter gibt es unter www2.citycenter.com/vision/vision_art.aspx und www.aria.com/en/amenities/aria-fine-art-collection.html.

16 Planet Hollywood ★ [B16]

Gegenüber dem CityCenter liegt das besonders bei jungem Publikum beliebte Planet Hollywood mit den **Miracle Mile Shops.** Hier stand zuvor das legendäre Aladdin-Hotel, in dem 1967 Elvis und Priscilla Presley geheiratet haben. 1979 wurde es erstmals wegen Verbindungen zur Mafia geschlossen und 1984 musste es wegen seines schlechten Rufes endgültig Konkurs anmelden und wurde 1998 in die Luft gesprengt. 2000 eröffnete das New Aladdin und nach diversen Besitzerwechseln wurde es 2007 von Planet Hollywood übernommen und umgestaltet; heute gehört der Komplex zu Caesars Entertainment. Das Casino ist poppig gestylt mit Leuchtsäulen und ausgefallenen Mustern, die Gästezimmer sind ebenfalls hip und modern.

Das Hotel markiert auch den Beginn eines kleinteiligeren Abschnitts zwischen Planet Hollywood und MGM. Im Mittelpunkt steht die **Showcase Mall** mit Kino und Shops wie

Grand Canyon Experience (Souvenirs, Infos und Tickets), M&M World, Coca Cola und Adidas sowie einem Hard Rock Cafe, Imbiss-Kettenlokalen und Souvenirläden.

› 3667 S. Las Vegas Blvd., www.planethollywoodresort.com. Hotel, Casino, Bars und Restaurants wie Gordon Ramsays BurGR (s. S. 64).
› **PH Shops Las Vegas** und **Miracle Mile Shops** (s. S. 77) mit Miracle Mile Shops Fountain (Brunnen mit Licht-/Wassereffekten), Shows stündl. 10–23 Uhr, frei
› **Shows:** u. a. Britney Spears, Jennifer Lopez, Backstreet Boys, Lionel Richie
•2 [B17] **Showcase Mall,** 3785 S. Las Vegas Blvd. Konglomerat von Shops und Kneipen.

17 Monte Carlo ★ [B17]

Ebenfalls Teil des MGM-Imperiums ist das 32-stöckige **Monte Carlo**, dessen Fassade dem Place du Casino in Monte Carlo nachgebildet ist. Bis Ende 2018 soll während des laufenden Betriebs eine Renovierung und Zweiteilung abgeschlossen sein. Dann wird das Monte Carlo **Park MGM** und **NoMad Hotel** (Boutiquehotel) heißen.

Im rückwärtigen Bereich zwischen Monte Carlo und New York-New York wurde bereits in nächster Nachbarschaft zur T-Mobile Arena (s. links) das **Park Theater** eröffnet.

› 3770 S. Las Vegas Blvd., www.montecarlo.com. Hotel, Casino, Bars und Restaurants.
› **Show:** Im großen Park Theater tritt u. a. regelmäßig Cher auf.

18 New York-New York ★★ [B17]

Wie das Venetian und das Paris beeindruckt **New York-New York** durch eine mächtige, vielteilige **Stadtkulisse** und passende Ausstattung im Inneren. In dem 1997 eröffneten Komplex wurde die Weltmetropole im „Kleinformat" mit zwölf seiner markantesten Bauwerke wie dem Chrysler Building, dem hier 160 m hohen Empire State Building, einer 46 m hohen Kopie der Freiheitsstatue und der Brooklyn Bridge nachgebaut.

Auch innen finden sich Reminiszenzen an die Stadt – z. B. wird das Hauptcasino als „Central Park" bezeichnet und die Shops sollen stilistisch an Greenwich Village erinnern. Hauptattraktion ist der **Roller Coaster**, eine Achterbahn, die außen an der nach-

042lv Abb.: mb

› *New Yorks Attraktionen im Kleinformat am Strip von Las Vegas*

gebauten Skyline – die das Bild der 1940er-Jahre wiedergibt und daher nie ein World Trade Center hatte – mit bis zu 100 km/h vorbeirauscht.

- 3790 S. Las Vegas Blvd., www.newyork newyork.com. Mit Hotel, Casino, Bars wie The Bar at Times Square oder Coyote Ugly und Restaurants wie Il Fornaio, Nathan's Famous Hotdogs oder Chin Chin Café sowie Hershey's Chocolate World.
- **Show:** Zumanity (www.zumanity.com), Burlesken-Erotikshow mit fantastischen Kostümen für Erwachsene vom Cirque du Soleil
- **The Big Apple Coaster & Arcade,** So.–Do. 11–23, Fr./Sa. 10.30–24 Uhr, $ 15. Achterbahn und Spielhalle.

19 MGM Grand ★★ [B17]

Das MGM Grand ist mit über 6800 Zimmern **eines der größten Resorthotels der USA.** Der smaragdgrün leuchtende Riesenpalast wurde 1993 eröffnet. Der brüllende Löwe am Haupteingang, genannt „Leo the Lion", steht als Symbol für das Hollywood-Studio Metro-Goldwyn-Mayer (MGM). Er war im Vorspann der Filme von Goldwyn Pictures zu sehen und wurde später zum Firmenlogo von MGM. Kürzlich neu renoviert, gehören jetzt als luxuriöse Schwesterhotels **The Signature** und die **Skylofts** zum Komplex.

Zu den Attraktionen zählen der **Grand Pool Complex** und **CSI – The Experience,** wo sich Besucher interaktiv als Detektive versuchen können. Ebenfalls ungewöhnlich ist die **MGM Grand Garden Arena** (s. S. 69), eine Konzert- und Sporthalle mit 16.800 Plätzen. Hier finden große Sportveranstaltungen wie die Rodeo-Finals oder College-Basketballspiele, aber auch die Cirque-du-Soleil-Show „KÀ" statt.

- 3799 S. Las Vegas Blvd., www.mgm grand.com. Mit Hotel, Casino, Bars wie Centrifuge oder Hakkasan (s. S. 72) und Restaurants wie Emeril's New Orleans Fish House (s. S. 62), Joel Robuchon Restaurant, Morimoto, Wolfgang Puck Bar & Grill oder MGM Grand Buffet.
- **Show:** Cirque-du-Soleil-Show „Kà" (www.cirquedusoleil.com/ka), Brad Garrett's Comedy Club
- **Attraktion:** CSI – The Experience, http://csiexhibit.com, tgl. 9–21 Uhr, $ 31,50

20 Tropicana ★ [B18]

Südlich des MGM Grand 19 befindet sich jenseits der Tropicana Avenue der gleichnamige Hotel-Casino-Komplex im weißen Südsee-Design. 1957 erbaut, erwarb 1979 die Kette Ramada den Komplex, nachdem hier ein Mafia-Ring aufgeflogen war. Inzwischen gehört das Tropicana privaten Unternehmern, einer davon war einst bei MGM tätig. Zwischen 2006 und 2011 wurde der gesamte Komplex von Grund auf renoviert und um Villen erweitert.

Betritt man das Tropicana, glaubt man sich auf eine Insel in der Karibik versetzt. Alles wirkt elegant und dennoch ist das Hotel erschwinglich und gemütlich. Ein großer Innen- und Außenpool, Lagunen, Grotten und Wasserfälle sind hier die Hauptanziehungspunkte. Dazu gibt es die **Tropicana Lounge** mit abendlicher Livemusik und Drinks.

- 3801 S. Las Vegas Blvd., www.trop lv.com. Mit Hotels, Casino, Bars und Restaurants wie Robert Irvine's Public House, das Lokal eines beliebten TV-Kochs.

Eine mächtige Sphinx markiert den Zugang zum Luxor-Casino

㉑ Excalibur ★ [B18]

Das Excalibur sticht schon wegen seiner Architektur ins Auge. 1990 eröffnet, gehört das Hotel, dessen Name von dem Schwert des mythischen König Artus herrührt, zum Imperium von MGM. Es fällt bereits von Weitem durch seinen burgähnlichen, märchenhaften Baustil auf und entführt Besucher in eine **mittelalterliche Fantasiewelt** der Ritter und Burgfräulein.

Das kunterbunte Ensemble von farbigen Türmen und Zinnen und Mauern wirkt wie eine andere Welt und diese setzt sich im Inneren mit Rittersälen, mächtigen Säulen und Buntglasfenstern, Nischen und Torbögen fort. Was würde hierzu besser passen als das **Tournament of Kings**, eine Art Ritterspiel? Diese Show trägt auch dazu bei, dass das Hotel ideal für Familien ist.

› 3850 S. Las Vegas Blvd., www.excalibur.com. Mit Hotel, Casino, Bars und Restaurants
› **Shows:** „Thunder from Down Under" sowie „Tournament of Kings", eine aufwendige Rittershow mit Pferden in der King Arthur's Arena mit fast 1000 Plätzen. Dazu gehört optional ein mittelalterliches Mahl (serviert ohne Besteck, $ 60, www.excalibur.com/entertainment/tournament_of_kings.aspx).
› **Fun Dungeon**, tgl. 10–22 Uhr. Kein Verlies, sondern eine *Arcade* mit über 150 verschiedenen Spielen.
› **Monorail** zwischen Excalibur, Luxor ㉒ und Mandalay Bay ㉓ (kostenlos).

㉒ Luxor ★★ [A19]

Ob es noch eine Steigerung zum Excalibur ㉑ gibt, ist Geschmackssache, aber das sich südlich anschließende Luxor ist mindestens genauso auffällig. Dieser Komplex entführt seine Besucher – Kontrastprogramm! – in die **Welt des alten Ägypten.** Hinter einem Obelisk und einer **Sphinx** – beide größer als die Originale in Gizeh – ragt eine **schwarz glänzende Pyramide** in die Höhe. Sie hat ein 100 m hohes bzw. 30-stöckiges Atrium im Inneren, das sich im 39-Grad-Winkel verjüngt und als größtes der Welt gilt. In dieser Halle ist zudem der große **Tempel von Luxor** aus den Tagen des Herrschers Ramses II. nachgebaut. Das 1993 eröffnete Hotel (MGM International), ist mit über 4400 Zimmern das neuntgrößte der Welt. Zu den Attraktionen gehören die **Ausstellungen „Titanic" und „Bodies"** sowie die bei Dunkelheit von der Spitze aus in den Nachthimmel strahlende **Luxor Sky Beam,** ein weitreichender Laserstrahl.

› 3900 S. Las Vegas Blvd., www.luxor.com. Mit Hotel, Casino, Shoppinmall im Durchgang zum Mandalay Bay, Bars wie Centra und Restaurants wie Tender Steak & Seafood oder Pyramid Café
› **Attraktionen:** „Titanic – The Artifact Exhibition" und „Bodies – The Exhibition" (beide tgl. 10–22 Uhr, je $ 32)
› **Shows:** u. a. „Criss Angel Mindfreak Live!" (www.cirquedusoleil.com, Cirque Du Soleil mit Criss Angel, dem „Magician of the Century") und Blue Man Group
› **Monorail** zwischen Excalibur ㉑, Luxor und Mandalay Bay ㉓ (gratis)

043lv Abb.: mb

㉓ Mandalay Bay ★★ [A19]

Das südliche Ende des Strip wird vom dreiteiligen, goldfarbig verglasten Turm des Mandalay Bay markiert, das nach einer birmanischen Stadt benannt ist. Hauptattraktion dieses Resort-Casinos – heute ebenfalls Teil des MGM-Imperiums – ist eine Wasser- und Wellnesswelt mit Spas, eine 4,5 ha große **Lagunenlandschaft** mit künstlichem Sandstrand und über 1,5 m hohen, künstlich erzeugten Wellen. Ein weiteres Highlight ist ein **Aquarium**, das zu den größten der USA gehört. Wie der Name **Shark Reef** andeutet, stehen Haie im Mittelpunkt, doch auch andere Meeresbewohner sind zu sehen. Berühmt ist die zugehörige **Beach- und Poollandschaft**, eine riesige tropische Wasserwelt, die zugleich Schauplatz der **Mandalay Bay Beach Series** (Country Music) ist.

Zum Mandalay Bay Resort gehört das luxuriöse **Delano Hotel**, das über gut 1000 Zimmer verfügt. Der separate Bau steht etwas im Hintergrund zwischen Mandalay Bay und Luxor.

› 3950 S. Las Vegas Blvd., www.mandalaybay.com, www.delanolasvegas.com. Mit Hotels, Casino, The Shoppes at Mandalay Place, Bars wie Foundation Room (s. S. 70) und Restaurants wie Aureole (s. S. 61), Fleur by Hubert Keller, StripSteak by Michael Mina oder Lupo by Wolfgang Puck.

› **Attraktionen:** Shark Reef/Polar Journey (So.-Do. 10-20, Fr./Sa. 10-22 Uhr, $ 25, www.sharkreef.com), Mandalay Beach mit Moorea Beach Club (s. S. 74) und Filiale des House of Blues (s. S. 69).

› **Shows:** u. a. „Michael Jackson One", Show des Cirque du Soleil mit Songs von Michael Jackson

› **Monorail** zwischen Excalibur ㉑, Luxor ㉒ und Mandalay Bay (kostenlos)

044lv Abb.: mb

Downtown Las Vegas

Bis vor nicht allzu langer Zeit galt Downtown als etwas heruntergekommen und angeschmuddelt, bevölkert von zwielichtigen Gestalten. Inzwischen erlebt die Innenstadt jedoch ein Revival: Neue Lokale, Läden und Galerien sind entstanden und entstehen, es gibt interessante Museen und viele der alten Hotel-Casinos wurden aufgemöbelt.

In Downtown Las Vegas gibt es inzwischen fünf interessante Viertel: Im Zentrum steht das historische Vergnügungsviertel **Fremont Street Experience** ㉔. Direkt östlich davon erstreckt sich über einige Blocks der **Fremont East Entertainment District** (s. S. 36), vor allem gut bestückt mit Bars. Hier befindet sich auch der **Downtown Container Park** (s. S. 76), wo mehrere Container mit Shops und Lokalen um einen Veranstaltungsplatz aufgestellt wurden. Westlich der Fremont Street, jenseits der Eisenbahnlinie und durch die **Symphony Park Pedestrian Bridge** angebunden, liegt der **Symphony Park** (s. S. 38) mit dem sehenswerten Smith Center for the Performing Arts ㉖ und dem Discovery Children's

Museum (s. S. 56). Interessant ist diese Ecke von Downtown auch, weil sich hier das viel besuchte Las Vegas Premium Outlets – North (s. S. 75) befindet.

Im Süden von Downtown ist um die Kreuzung Casino Center Blvd. und Charleston Blvd. der **18b Las Vegas Arts District** 27 mit seinen Galerien und Werkstätten entstanden. Nördlich der Fremont Street schließlich, jenseits des autobahnähnlich ausgebauten Hwy. 95, liegt der **Cultural Corridor** mit Neon Museum 28 und dem Old Las Vegas Mormon Fort 29.

Für Architekturinteressierte lohnt ein Abstecher in das **Verwaltungszentrum** der Stadt in **Downtown**. Hier sind sehenswerte Beispiele moderner und umweltbewusst-energiesparender Architektur versammelt, z. B. das **Regional Justice Center** (200 Lewis St.), ein Gerichtsbau von Tate Snyder Kimsey Architects von 2003, und das **Clark County Detention Center** (330 S. Casino Center Blvd., HOK and JMA Architects, 1984, Anbau von HCA Architects 2002). Der hohe Gefängnisbau ist verbunden mit dem **Lloyd D. George Federal Courthouse** (333 S. Las Vegas Blvd.) vom Reißbrett von Cannon Dworsky/HCA, mit L-förmigem Grundriss und einer Fassade aus Granit, Kalkstein, Marmor, Terrazzo, Holz und Glas.

Der **Lewis Avenue Pedestrian Corridor**, entlang der Lewis Ave. zwischen Las Vegas Blvd. und 4th St., wurde 2002 als öffentliche Promenade angelegt, die das Courthouse mit dem Regional Justice Center verbindet. Interessant ist auch der zentrale Busbahnhof **RTC Bonneville Station** (101 E Bonneville Ave.) mit Fahrradstation, der wegen seiner energiesparenden Bauweise eine LEED-Gold-Auszeichnung erhielt.

KURZ & KNAPP

Downtown Rangers

Entlang der Fremont Street patrouillieren sogenannte **Downtown Rangers.** Die mit beige (oder schwarzen) Hemden mit charakteristischem Emblem (einem großen gelben R) bekleideten Männer und Frauen gehören zum „Downtown Project", einer privaten Organisation, die von einem Polizisten im Ruhestand, Christopher Curtis, ins Leben gerufen wurde und sich die Revitalisierung und Sicherheit von Downtown auf die Fahnen geschrieben hat. Die „Ranger" tragen keine Waffen, dafür aber Kameras, und beantworten zugleich Fragen der Besucher.

› **Infos:** http://downtownproject.com

24 Fremont Street Experience (FSE) ★★★ [C3]

1931 wurde die erste Glücksspiellizenz Nevadas an den Northern Club erteilt, erst 1946 eröffnete jedoch mit dem Golden Nugget das erste richtige Casino-Hotel. Seit Siedlungsgründung war die **Fremont Street** das Zentrum von Downtown mit Bars und *gambling halls.* 1925 entstand die erste Teerstraße und 1956 der erste „Wolkenkratzer", das Fremont Hotel. Mit dem Bau der großen Casino-Hotels am Strip ab den späten 1940er-Jahren und vor allem mit den Megakomplexen ab den 1990er-Jahren verlor Downtown an Bedeutung und die Millionen von Glühlampen und rotierenden Lichterkaskaden der historischen Hotelcasinos wie Fitzgeralds, Lady Luck (jetzt: Downtown Grand), California, Golden Nugget oder Golden Gate hatten Mühe, sich gegenüber

Das berühmte Las Vegas Sign – hier am Zugang zu Downtown

den fantastisch ausgestatteten Hotelpalästen am Strip zu behaupten.

Inzwischen wurde viel Geld in die **Revitalisierung und Modernisierung** von Downtown investiert. Vor allem die futuristische Überdachung der vier westlichen Blocks der Fremont Street zwischen Main und 4th Street 1994/95 – ein Gemeinschaftsprojekt mehrerer Casinos – trug zu mehr Attraktivität bei. Markanter Teil der **Fremont Street Experience** (kurz FSE) ist ein Glasgewölbe, das am Scheitel rund 27 m hoch und insgesamt ca. 450 m lang ist und von Stahlstützen getragen wird. An der Kuppel sind 12,5 Mio. LED-Lichter angebracht, die am Abend eine Lichtshow bieten, dazu über 200 Lautsprecher. Unter dem Gewölbe befindet sich eine Seilrutsche namens SlotZilla (s. S. 36). Der überdachte und damit beschattete Teil der Fremont Street ist zum Herzstück des neuen Downtown geworden und hat die **„Glitter Gulch"**, die „Lichterschlucht", von früher abgelöst.

Neben Casinos, Bars und Souvenirläden gibt es kleine Veranstaltungsbühnen (mit Programm) und abendliche Licht- und Tonshows. Projiziert wird auf die zeltartige Überdachung. Sehenswert sind die nostalgischen **Neonschilder**, deren Erhalt vielfach dem Neon Museum 28 zu verdanken ist, so z. B. der grüßende Neon-Cowboy **„Vegas Vic"** vom ehemaligen Pioneer Club, dessen Hutrand bei der Überdachung 1995 beschnitten werden musste. Ein weiteres Wahrzeichen ist das lasziv sitzende Neon-Cowgirl **„Vegas Vickie"** als Symbol des Glitter Gulch Casino oder auch die **„Golden Goose"** am ehemaligen gleichnamigen Gentlemen's Club.

Das **Plaza Hotel** (s. S. 124) am Beginn der FSE gilt als „poor man's casino", während das ein paar Schritte nordwärts gelegene **Main Street Station Casino** in der Lobby Casino-Memorabilien und im Männerklo ein Stück Berliner Mauer ausstellt.

Von den „klassischen" Downtown-Hotels ist besonders das 1906 er-

Mekka des Poker

Es liegt noch gar nicht so lange zurück: In den 1970er-Jahren gab es noch weniger als 50 Pokertische in der ganzen Stadt! Der erste Wettbewerb „World Series of Poker" (WSOP) fand 1970 in einem Nebenraum von Binion's statt, in Anwesenheit von rund 30 Spielern.

Benny Binion, Horseshoe-Casino-Patriarch und Poker-Ikone, ist es zu verdanken, dass Poker zum großen Geschäft wurde. Los ging es jedoch 1969 in Reno/Nevada mit der Texas Gamblers Reunion. Damals spielten an mehreren Tagen Jimmy „The Greek" Snyder, Rudy „Minnesota Fats" Wanderone und Benny Binion sowie angesehene Spieler wie Doyle Brunson, „Amarillo Slim" Preston, Johnny Moss und Puggy Pearson und hoben den Pokerwettkampf aus der Wiege.

Im nächsten Jahr veranstaltete dann Binion's in Las Vegas offiziell die erste WSOP, zunächst ohne groß Aufmerksamkeit zu erregen. Erst 1972 rückte der Sieg des Publicity gegenüber aufgeschlossenen „Amarillo Slim" Preston das Turnier ins Rampenlicht. Im Folgejahr gab es erstmals ein Vorprogramm und als Novum übertrug CBS live im Fernsehen. Ein Einschnitt folgte 1978, als erstmals die Top-5-Finalisten Geld erhielten und eine Frau, Barbara Freer, ihr Debut gab. Mit Hal Fowler gewann 1979 zum ersten Mal ein Amateur den Wettbewerb. Er hat-

te die gesamte Profi-Elite ausgeschaltet und fortan strömten Spieler - auch aus Übersee - im April und Mai nach Las Vegas. Stu „The Kid" Ungar aus New York durchbrach 1980 den „Texas Circle" und gewann 1981 das Turnier. NBC Sports hatte erstmals eine Filmcrew zur WSOP geschickt. 1982 kam die Ladies World Championship dazu, die Zahl der Events wuchs auf 13 und die Preisgelder auf $2,6 Mio. an. 1983 führten Jack Binion (der Sohn von Benny) und Eric Drache als Wettkampfleiter die nächste Neuerung ein: Satelliten-Turniere zur Vorab-Qualifikation. Poker hatte an Beliebtheit zugelegt, Binion's Horseshoe war zum Nukleus und Benny Binion zum Herrscher geworden.

Nach Benny Binions Tod 1989 übernahm sein Sohn Jack die Ausrichtung des Wettkampfs, der inzwischen vier Wochen dauerte und diversifiziert worden war. 1990 gewann mit Mansour Matloubi der erste Nichtamerikaner den Jackpot, 1991 brachte der Hauptevent, an dem über 200 Spieler teilnahmen, eine Million Dollar Preisgeld ein. 1997 kam eine Bühne in der Fremont Street dazu und das Turnier dauerte sechs Wochen. 2003 erwuchs mit der ***World Poker Tour*** *(WPT) ein Konkurrent heran und mit der WPT Championship im April 2003 im Bellagio hatte der Gründer des Unternehmens, Steven Lipscomb, sein grandioses Debüt gegeben.*

Doch zurück zur WSOP: Als 2003 Chris Moneymaker die World Series gewann, hatte man wieder eine publikumswirksame Identifikationsfigur. 2004 wurde Binion's Horseshoe verkauft und die Rechte an der WSOP gingen an Harrah's Entertainment. 2005 zog das Turnier ins RIO All-Suites Casino and Hotel um. 2006 gab es bereits 45 Wettbewerbe. Neu ins Leben gerufen wurde ein ***World Series of Poker Circuit,*** *der andere Casinos weltweit miteinbezog und von Sponsoren - wie Bier- oder Autofirmen - mitfinanziert wurde. Seit Harrah's von Caesars Entertainment geschluckt wurde, sponsort Caesars das jährliche Pokerevent. Es ist für jeden über 21 Jahre zugänglich und 2017 gab es über 61.000 Bewerbungen. Am Ende saßen 9254 Spieler aus 97 Nationen an mehreren Hundert Pokertischen und machten sich Hoffnung auf einen Anteil der Millionen Dollar Preisgeld und die als Siegesprämie vergebenen Goldarmbänder. Am Ende standen in der World Series of Poker (WSOP) die neun Finalisten für die „$10,000 No-Limit Hold'em Championship" - das Main Event - fest. Bei diesem Event im Sommer geht es im Rio All-Suite Hotel & Casino um das begehrte Goldarmband und Preisgelder von über $ 1 Mio.*

› *Infos: www.wsop.com*

öffnete, gegenüber dem Plaza gelegene **Golden Gate Hotel & Casino** (s. S. 124) sehenswert, eines der ältesten (damals war *gambling* noch illegal) und mittlerweile auch eines der besten und dennoch erschwinglichen Hotels in der Stadt. In alten Zeiten gingen Frank Sinatra and Sammy Davis Jr. – Mitglieder des „Rat Pack" – ein und aus und es wurde (wie noch heute) Shrimp Cocktail für 99 Cent serviert.

Gegenüber befindet sich der **Las Vegas Club** (18 E. Fremont), wo 1930

EXTRATIPP

Fremont East Entertainment District

Das Unterhaltungsviertel erstreckt sich entlang der Fremont Street östlich der FSE 24 von der 4th bis etwa zur 8th Street. Früher einmal der Rotlichtbezirk der Stadt, handelt es sich heute um eine angesagte Partymeile mit Bars wie **Commonwealth, Vanguard** oder der **Beauty Bar** (s. S. 71). Hier befindet sich aber auch das historische **El Cortez Hotel & Casino** (600 E. Fremont St.), das 1941 als erstes Resorthotel der Stadt entstanden war.

Den Zugang zu den aufgestapelten Überseecontainern des **Downtown Containerpark** (s. S. 76) markiert eine Schrottskulptur vom Burning Man Festival in Nevada. In die hippe Containersiedlung mit Veranstaltungsfläche, Sitzgelegenheiten und Spielplatz sind Shops wie Indian Soul Art, Galerien, Bars und Lokale wie eat (s. S. 64) eingezogen.

das erste Neon Sign angebracht wurde und der für Sportmemorabilien und ebensolche Wetten bekannt war. Hotel wie Casino sind derzeit geschlossen, Letzteres soll jedoch reanimiert werden. Daneben steht das **Golden Nugget** von 1946, wegen des lange hier ausgestellten weltgrößten Goldbarrens („Hand of Faith") berühmt geworden. Später kam der **Rush Tower** mit Luxusgästezimmern und Ausblick dazu. Hauptattraktion ist der **Shark Tank Aquarium & Pool** mit Glasrutsche durch einen Haifischtank, außerdem treten häufig Country-Music-Stars hier auf.

Binion's Horseshoe Casino ist unter Pokerspielern legendär. Es war 1951 von Benny Binion, dem Initiator der World Series of Poker (s. S. 34), eröffnet worden und unterschied sich bereits durch die Teppiche von den damals eher rustikalen *gambling halls* mit Sägespänen auf dem Boden. Das benachbarte **Fremont Hotel & Casino** ist bekannt für Special Drinks und Essen zu Schnäppchenpreisen. Auch die Zimmer sind hier sehr preiswert.

Zu den Attraktionen des FSE gehört **SlotZilla**, eine *zip line* (Seilrutsche) von einem Ende der Passage zur anderen. **Neonopolis** ist ein ehemaliger Kinokomplex an der Ecke zum Las Vegas Blvd., der zu einem Einkaufszentrum mit Parkhaus umgewandelt wurde. Besonders sehenswert ist er wegen der Ansammlung von Neonschildern und Leuchtreklamen.

› **Infos:** www.vegasexperience.com
› **SlotZilla,** 425 Fremont St. (Zugang nahe Walgreens), So.–Do. 13–1, Fr./Sa. bis 2 Uhr, $ 20 (abends $ 25) für die Lower Zip Line (21 m), $ 40/45 für die Upper Zip Line (33 m)
› **Triple 7 Brewpub** (s. S. 71) im Main Street Station Casino/Hotel
› **The Tank,** im Hotel Golden Nugget (s. S. 124), www.goldennugget.com/las-vegas/amenities/h2o-pool. Pool- und Wasserlandschaft mit Rutsche, die durch ein Aquarium mit Haien u. a. Fischen führt, Pool-Eintritt für Nicht-Gäste: je nach Wochentag $ 25–35. Im OG: Poolbar „The Hideout".

25 Mob Museum ★★★ [C3]

Das Mob Museum im historischen Court House and Post Office von 1933 widmet sich auf sehenswerte und unterhaltsame Weise der organisierten Kriminalität in den USA und speziell in Las Vegas – und ist ein Muss für jeden Besucher.

Es ist ein offenes Geheimnis, dass die Mafia auch in Las Vegas mitgemischt hat, ebenso, dass Bugsy Siegel einer der „Haupt-Mobsters" war. Andererseits war es ihm zu verdanken, dass das Glücksspiel und der Alkohol in Nevada und Las Vegas legalisiert wurden und dass dadurch Luxushotels, Shows und Restaurants Las Vegas zum „Entertainment Capital of the World" machten.

Das im Februar 2012 eröffnete Mob Museum beleuchtet nicht nur die Rolle des organisierten Verbrechens in der Glücksspiel-Metropole, sondern in den ganzen USA. Vollständig lautet der Name des Mob Museums **National Museum of Organized Crime and Law Enforcement.** In den USA bezieht sich das aus dem lateinischen „mobile vulgus" abgeleitete Wort „mob" nicht nur auf aufgewiegelte Volksmengen oder Gangster bzw. Banden, sondern es wird ganz konkret für die Mafia verwendet.

Das Museum, für das man mindestens zwei bis drei Stunden einplanen sollte, erstreckt sich über drei Stockwerke des ehemaligen **Las Vegas Post Office and Court House.** Das zwischen 1931 und 1933 von James A. Wetmore erbaute Bürogebäude im Beaux-Arts-Stil steht im National Register of Historic Places und damit unter Denkmalschutz.

Im Mittelpunkt der **Ausstellung** steht einerseits die organisierte Kriminalität in den USA und in Las Vegas, andererseits deren Bekämpfung. Die Ausstellung beginnt im zweiten Obergeschoss mit „Birth of the Mob", darunter folgt „To Las Vegas" und das Erdgeschoss steht unter dem Motto „Fighting Back". Man erfährt alles über die Wurzeln des Mobs in den Immigrantengruppen in New York um 1900 und den Boom während der Prohibition 1920 bis 1933, besonders in Chicago (Al Capone), aber auch, dass die Mafia auch für die Entwicklung von Las Vegas zur Glücksspielmetropole wichtig war. Die **St. Valentine's Massacre Wall** aus Chicago, die wiederaufgebaute Mauer aus der Garage, in der 1929 Al Capones Gang mit einer Finte brutal eine andere Bande ausschaltete, ist ebenfalls zu sehen.

Der Kampf gegen den Mob begann 1950 mit den „Hearings": Im **Sitzungsraum** des Courthouse, der natürlich zu besichtigen ist, wurden erstmals die Aktivitäten der Mafia aufgedeckt. Daraufhin setzte eine umfassende Bekämpfung der Kriminellen ein und viele Mafiosi wandten sich legalen Geschäften zu. In einer Abteilung geht es um „Open City", die Entwicklung von Las Vegas zum Glücksspielzentrum mit Downtown und Strip, in einer anderen um die geheimen Aktivitäten des Mobs: War er nicht auch an der Ermordung von

045lv Abb.: mm

Im Mob-Museum geht es auf unterhaltsame Weise um das organisierte Verbrechen

John F. Kennedy beteiligt? Der Bekämpfung der Mafia durch FBI und Undercover-Agenten, die heutige Situation und die Mythologisierung des Mob durch Hollywood und das Kino wird ebenfalls Raum eingeräumt.

› 300 Stewart Ave., http://themobmuseum.org, tgl. 9–21 Uhr, $ 20,95

26 Smith Center for the Performing Arts ★ [B4]

Das Smith Center for the Performing Arts stellt das Herzstück des Viertels **Symphony Park** dar. Inspiriert von der Architektur des Hoover Dam entstand ein Bau im Art-déco-Stil mit ungewöhnlichem 17-stöckigem Glockenturm. Das Center wurde im März 2012 eröffnet und beherbergt in zwei Gebäuden drei Bühnen: den Hauptkonzertsaal **Reynolds Hall** mit 2050, **Myron's Cabaret Jazz** mit 240 und das flexibel nutzbare **Troesh Studio Theatre** mit 250 Plätzen.

Zum Komplex gehört der frei zugängliche Symphony Park, Grünflächen, die für Open-Air-Konzerte, Festivals u. a. Events genutzt werden. Im Smith Center sind das Las Vegas Philharmonic Orchestra und das Nevada Ballet Theatre zu Hause. 2013 kam in einem südlich ans Theater angrenzenden Gebäude (Zugang: Promenade Place) das **Discovery Children's Museum** (s. S. 56) dazu.

Im Südwesten des Theaterkomplexes zieht das architektonisch auffällige, moderne, ab 2005 entstandene **World Market Center** (495 S. Grand Central Pkwy., www.wmclv.com) vor allem zweimal im Jahr während des Las Vegas Market, einer Möbel- und Inneneinrichtungsshow, Besucher an. Einen Teil nimmt das Las Vegas Design Center ein, wo es in Ausstellungsräumen von Designern (Mo.–Fr. 9–17 Uhr, www.lvdesigncenter.com) alles gibt, was mit Haus und Wohnung zu tun hat.

Architektonisch wird der Bau noch von der spektakulären Fassade des **Cleveland Clinic Lou Ruvo Center for Brain Health** (888 W. Bonneville Ave.) übertroffen, einem Krankenhaus mit Veranstaltungshalle, erbaut von Frank Gehry. Weiter östlich fällt der Blick auf das **Clark County Government Center** (500 S. Grand Central Pkwy.), dessen Sandsteinfassade an die Wüstenlandschaft angepasst ist. Nicht weit entfernt (südlich), befindet sich das **Las Vegas Premium Outlets – North** (s. S. 75).

› Smith Center, 361 Symphony Park Ave., www.thesmithcenter.com. Mit Broadway Las Vegas Series (Aufführungen von Broadway-Shows) Anfang August–Anfang Juli, Programm: www.thesmithcenter.com/shows-tickets/broadwaylasvegas.

27 18b Las Vegas Arts District ★ [C6]

An gewöhnlichen Tagen wirkt das Viertel um die Kreuzung Casino Center und Charleston Blvd. wenig einladend. Erst bei genauerem Hinsehen entdeckt man die eine oder andere Galerie, auffällige Fassaden und Wandbilder. Während des First Friday (s. S. 82) kommen bis zu 20.000 Besucher ins „**18b**" – benannt nach den 18 Blocks zwischen Commerce St. (W), Las Vegas Blvd./4th St. (O), Colorado Ave. (S) und Hoover Ave. (N). Auf dieses Areal konzentriert sich die Kunst- und Kulturszene von Las Vegas, wobei im Zentrum **The Arts Factory** am E. Charleston Blvd. – eine Ansammlung von Galerien, Werkstätten und Büros des Contemporary Arts Collective – steht.

EXTRATIPP

Kunst, Krempel und Cocktails

„Kultur" wird – zumindest einmal im Monat – im 18b Las Vegas Arts District 27 großgeschrieben: Am „First Friday" (s. S. 82) gibt es Gelegenheit, die lokale (eher alternative) Kunst- und Kulturszene kennenzulernen. Dann haben Galerien, Werkstätten, Läden, Bars und Cafés ihre Türen bis spät nachts offen, an Ständen wird Kunst und Kunsthandwerk, Essen und Trinken angeboten und Konzerte, Vorführungen und Vernissagen stehen auf dem Programm. Einige Tipps im Viertel:

- 4 [C6] **Artifice,** 1025 S. 1st St., http://artificebar.com, tgl. 17–2 Uhr. Nachbarschafts-Lounge mit tollen Cocktails, großer Weinauswahl und ausgefallenem Livemusikprogramm.
- 5 [C6] **Mingo Kitchen & Lounge,** 1017 S. 1st St., www.eatmixmingo.com, Mo.–Do. 11–22, Fr./Sa. 11–24 Uhr. Gastropub mit Gerichten wie Grilled Blue Point Oysters oder Kanye Hot Dog, auch zahlreiche Cocktails.
- 6 [C6] **Patina Decor,** 1300 S. Main St. Ausgefallene und kitschige Wohnaccessoires und Möbel.
- 7 [C6] **Retro Vegas,** 1131 S. Main St.. Hier schlagen die Herzen aller Vintage-/Retro-Fans höher.
- 8 [C5] **Rogue Toys,** 616 S. Las Vegas Blvd., Suite B. Ausgefallenes Retro-Spielzeug und Star-Wars-Figuren oder Simpsons-Zubehör.
- 9 [C5] **The Sweet Spot Candy Shop,** 616 S. Las Vegas Blvd. Der Himmel für Schleckermäuler!
- 10 [C6] **Velveteen Rabbit,** 1218 S. Main St., tgl. 17–2 Uhr. Angesagte Bar im Arts District, unbedingt den „Punch of the Day" probieren!

Auch das Gebiet zwischen Arts District und Fremont Street soll revitalisiert werden. Hier befindet sich neben dem **Pawn Shop** (s. S. 75) auch der städtbaulich wegweisende Apartmentkomplex **Juhl** (353 E. Bonneville Ave.). Auf der neuen **Pawn Plaza**, aber auch ringsum, eröffnen vermehrt Lokale, Bars und Läden.

Die **Historic Fifth Street School** in der nahen 401 S. 4th Street wurde 2008 als Kulturzentrum wiedereröffnet. U.a. ist die vormalige Schule nun Sitz des University of Nevada Las Vegas Fine Arts Programs, dem Downtown Design Center for the School of Architecture, der Nevada School of the Arts (Musik), der Filiale des American Institute of Architects und der Las Vegas Cultural Affairs Division. Gelegentlich finden hier auch Ausstellungen oder Veranstaltungen statt.

› **Infos:** www.18b.org

- 3 [C4] **Historic Fifth Street School,** 401 S. 4th St.

› **The Arts Factory** (s. S. 57). Veranstaltungen, Bistro mit Bar (tgl. ab 11 Uhr, beliebter Wochenendbrunch), Gallery und Eventflächen.

28 Neon Museum ★★★ [D1]

Was wäre Las Vegas ohne seine Leuchtreklamen? Der Geschichte und Kunst der Neon Signs widmet sich das 2012 eröffnete Neon Museum. Eine sehenswerte Sammlung historischer Leuchtschriften, die teilweise noch funktionieren, ist im „Neon Boneyard" aufgestellt.

Wer mit offenen Augen durch Las Vegas fährt, dem werden – z.B. im **Neonopolis** (s. S. 36) in der FSE 24, aber vor allem entlang dem Las Vegas Boulevard – mehrere historische Leuchtreklamen auffallen. Auch zwi-

046lv Abb.: mb

schen der Washington Avenue im Norden und der Fremont Street im Süden befinden sich sieben Neonschilder aus den 1950er-Jahren, allerdings großteils nicht mehr am originalen Standort. Beispielsweise sind die Schilder des 1951 eröffneten Binion's Horseshoe Casino, des Silver Slipper Casino (1950), des Bow & Arrow Motels oder des Lucky Cuss Motels zu sehen. Zwei weitere befinden sich weiter im Süden: das Landmark Sign an der Paradise Road (südlich Sahara Ave.) und das 5th Street Liquor Sign an der Garces Avenue, Ecke Casino Center Drive.

Gerettet, renoviert und wiederaufgestellt wurden sie vom Neon Museum im Rahmen des **Las Vegas Signs Projects,** das einen Plan mit Beschreibung der **Las Vegas Neon Signs Tour** herausgegeben hat – 2008 wurde die Route als **National Scenic Byway** ausgewiesen (www.neonmuseum.org/images/tourMap.pdf).

Auf dem Gelände des Neon Museum, genannt **„Neon Boneyard"** (eigentlich „Friedhof"), nördlich der Innenstadt im Cultural Corridor, können Besucher rund 150 historische Neon Signs bestaunen. Schon der Eingangspavillon mit Ticketverkauf und Shop ist sehenswert: Der muschelartige Bau von Architekt Paul Revere Williams wurde 1961 als Lobby des **La Concha Motel** am S. Las Vegas Blvd. (neben dem Riviera Hotel) erbaut. Er stellt zugleich ein Beispiel für die sogenannte **Googie Architecture** der 1950er/60er-Jahre dar, die von den damaligen Straßenkreuzern und der Frühphase der Raumfahrt inspiriert worden war. 2005 wurde das Motel abgerissen, die Lobby aber gerettet. Sie dient jetzt dem Museum als **La Concha Visitors Center.**

Das Museum hat sich der Sammlung und dem Erhalt legendärer Las-Vegas-Neonleuchtschilder verschrieben. Historisch interessierte Bürger, die Stadt Las Vegas und die Firma YESCO, die seit den 1920er-Jahren Neon Signs herstellt, starteten die Sammlung 1996. Unter den **etwa 150 Leuchtreklameschildern** befinden sich nicht nur legendäre wie das des Stardust Casinos, sondern auch historisch bedeutende wie jenes vom Moulin' Rouge, dem ersten auch Afroamerikanern zugänglichen Casino. Das Schild vom Imbissstand Green Shack von 1930 ist das älteste, das noch erhalten ist. Während der rund eine Stunde dauernden Touren erfährt man nicht nur Interessantes über Leuchtreklameschilder, sondern auch viel über die Geschichte der Stadt.

› 770 Las Vegas Blvd., www.neonmuseum.org, nur Touren (Reservierung empfohlen, nur ca. 20 Teilnehmer pro Tour), saisonal unterschiedliche Zeiten, auch Abendtouren mit beleuchteten Schildern, $ 19 bzw. $ 26/28 (abends)

29 Old Las Vegas Mormon Fort State Historic Park ★ [D1]

Nur einen Steinwurf vom Neon Museum 28 entfernt, ebenfalls im Cultural Corridor, erinnert das Old Las Vegas Mormon Fort an die bescheidenen Anfänge der Stadt. Hier betrieben **Mormonen** zwischen 1855 und 1857 am Las Vegas Creek einen kleinen befestigten Handelsposten. 1865 erwarb Octavius D. Gass das Land und errichtete eine Ranch, die **Archibald und Helen Steward** ihm später abkauften. Helen wurde zur „First Lady of Las Vegas“, denn sie schenkte 1902 der Eisenbahn Land, das später zur Keimzelle der Stadt wurde.

Über diese frühe Epoche, über Mormonen und Rancher, aber auch über die hier lebenden Indianer informiert ein nicht sehr großes, aber interessantes **Museum** mit einem Film. Der **Außenbereich** wurde in den Zustand des 19. Jh. zurückversetzt: mit kleinem Bach, Fort, Pioneer Garden und Ranch House. Teile des Adobe-Baus des Forts waren ebenso wie das Ranch House erhalten und wurden 1929 renoviert. Labors und Büros des U.S. Bureau of Reclamation zogen während der Konstruktion des Hoover Dam hier ein, heute sind Ausstellungen zu sehen. In direkter Nachbarschaft zum Fort befindet sich das **Las Vegas Natural History Museum** (s. S. 57).

› 500 E. Washington Ave./Las Vegas Blvd., http://parks.nv.gov/parks/old-las-vegas-mormon-fort, Di.–Sa. 8–16.30 Uhr, $ 1

KURZ & KNAPP

Cultural Corridor

Der Bereich der Innenstadt nördlich des autobahnähnlich ausgebauten US Hwy. 95 wird als „Cultural Corridor“ bezeichnet. Hier befinden sich außer dem sehenswerten Neon Museum 28 das Las Vegas Natural History Museum (s. S. 57), das Old Las Vegas Mormon Fort 29, die Las Vegas Library, das Cashman Center und das Cashman Field (Baseballstadion, s. S. 118).

› Infos: www.lasvegasnevada.gov („Things to do“, „Arts & Culture“)

◁ Die ehemalige Lobby des La Concha Motels dient als Eingang zum Neon Museum

Las Vegas Neighborhoods

Zugegeben, für die meisten Las-Vegas-Besucher gibt es nur den Strip und Downtown. Eigentlich schade, hat doch in den letzten Jahren so manche Ecke außerhalb der Innenstadt an Attraktivität gewonnen.

Das **Las Vegas Valley** besteht aus drei größeren Städten – Las Vegas, North Las Vegas und Henderson – und ist Teil des Clark County. Las Vegas selbst gliedert sich in **verschiedene Neighborhoods:** Bekannt ist Downtown, historische Viertel sind West Las Vegas, Big Springs, John S. Park oder Berkley Square. Andere entstanden neu im Laufe des 20. Jh., z. B. der Campus der UNLV (University of Nevada at Las Vegas), Mountains Edge, Paradise Palms, The Lakes oder Summerlin. Und schließlich gibt es auch im Las Vegas Valley „Gated Communities", umzäunte Wohnkomplexe der Reichen, besonders im Osten in Henderson (z. B. Green Valley, MacDonald Highlands oder Lake Las Vegas).

Echte **ethnische Viertel** gibt es hingegen kaum. Es existiert ein kleines Chinatown, die Latinos – mexikanisch-stämmige Las Vegans – sind gehäuft in Vierteln rings um Downtown und besonders um Eastern, E. Tropicana und Twain Ave. in East Las Vegas oder um den Nellis Blvd. in North Las Vegas zu Hause. Die meisten Afro-Amerikaner leben in West und North Las Vegas. Eher sehenswert als einzelne Stadtviertel sind verstreute Attraktionen wie die Folgenden.

Im Origen Museum at the Springs Preserve wird Geschichte lebendig gemacht

30 Springs Preserve ★★★ [af]

Auf den ersten Blick scheint Las Vegas ein Beispiel für Energie- und Wasserverschwendung zu sein. Dass der Schein trügt und die Stadt auf Nachhaltigkeit und Umweltschutz setzt, erfährt man im sehenswerten Komplex der Springs Preserve – Museum, Naturpark und Lehrinstitut in einem.

Auf dem historischen „Big Springs"-Areal nahm alles seinen Anfang: Hier plätscherten einst die Las Vegas Springs, Quellen, die die Besiedelung des Las Vegas Valley mitten in der Mojave-Wüste erst möglich machten. Heute sind diese vertrocknet und im Wüstenpark der Springs Preserve erklären alte hölzerne Wasserpumptürme auch warum: Zwischen 1905 und 1928 wurde gedankenlos alles Grundwasser abgepumpt.

1978 wurde die Springs Preserve auf die Liste des **National Register of Historic Places** gesetzt. Es soll Menschen nicht nur als Warnung gegen unkontrollierte Ausbeutung der Ressourcen dienen, sondern zugleich über Lebensbedingungen, Land und Leute, Geschichte und Zukunft informieren und zu nachhaltigem, Ressourcen sparendem und umweltbewusstem Leben anregen.

Der gute Vorsatz wird schon bei der Anfahrt deutlich: Der Parkplatz ist mit **Solarzellen** überdacht, einerseits ein praktischer Sonnenschutz, andererseits Hauptenergiequelle des Komplexes. Dieser besteht nicht nur aus Gebäuden, sondern auch aus einem weitläufigen Freigelände mit Wüstengarten und Feuchtgebiet mit Trails. Hier kann man sich gut vorstellen, wie es ursprünglich hier einmal ausgesehen hat.

Besonders für Familien lohnt der Besuch, da Natur und Geschichte der Region auf spielerische und multimediale Weise, abwechselnd innen und außen, verständlich gemacht werden. Vom Eingangsbereich geht es auf einem gewundenen Weg hinein in einen Canyon und damit in die Wüste. Erste Station ist das **Origen Museum**, das mit nachgestellten Effekten und 1:1-Modellen – beispielsweise eines „Wash", einer Sturzflut nach einem Gewitter –, über den Bau des Hoover Dam, die erste Eisenbahn und über Land, Menschen und Geschichte informiert. Ein Indianerdorf wurde im Freien rekonstruiert.

Vorbei am Freilufttheater erreicht man dann das **Desert Living Center.** Dieser mehrfach für seine energiesparende und umweltgerechte Konstruktion ausgezeichnete Komplex dient einerseits zum Unterricht, andererseits informiert hier die **Energy Sustainability Gallery** über Energieformen, -verbrauch und -verschwendung und regt zu umweltbewusstem Handeln im Alltag an.

Nächste Attraktion ist der **Wüstengarten,** in dem nicht nur die Pflanzenwelt der Wüsten des Südwestens zu sehen ist, sondern auch aufgezeigt wird, wie leicht ein an die klimatischen Gegebenheiten angepasster Garten angelegt und gepflegt werden kann. Anregend ist in diesem Zusammenhang auch **DesertSol,** ein Muster-Wüstenhaus, das 2013 von Architekturstudenten entwickelt wurde und nachhaltiges und umweltbewusstes Bauen ins Blickfeld rückt.

Den Großteil des Springs Preserve macht das **Naturschutzgebiet** mit **Trails** aus. Wander- und Radwege führen durch das fast 450.000 m² große renaturierte Areal, wo durch einen neu angelegten Bach eine *Cienega,* ein Feuchtgebiet, geschaffen und ein Wäldchen mit den typischen Büschen der Mojave-Wüste wie Mesquite, Akazien, Sandbankweiden und Salzstrauch angelegt wurde. Für Kinder und weniger Sportliche fährt eine kleine Tram über das Gelände.

047lv Abb.: mb

Teil des Springs-Preserve-Komplexes sind das **Nevada State Museum** 31 und das **WaterWorks** in der Charleston Heights Pumping Station. Es handelt sich um das Pumpwerk des unter dem Parkplatz liegenden Trinkwasserreservoirs und die Ausstellung dort widmet sich dem Thema „Wasser in der Wüste", Wasseraufbereitung und -verteilung. Auf dem Parkplatz finden sich bereits Infotafeln zum Thema sowie zu den einst hier lebenden Indianern und den frühen Siedlern.

› **Springs Preserve,** 333 S. Valley View Blvd., tgl. 9–17 Uhr, $ 18,95 (inkl. Nevada State Museum), www.springspreserve.org. Verschiedene Veranstaltungen wie Garden Workshops oder Kochkurse im zugehörigen Divine Café, außerdem Museumsladen.

31 Nevada State Museum ★★ [af]

Direkt angrenzend an das Springs Preserve 30 fällt der mächtige Bau des Nevada State Museum, betrieben von der Historical Society Las Vegas, ins Auge. Es gibt einen guten Überblick über Geschichte, Bevölkerung, Flora und Fauna im Bundesstaat und da kein gesonderter Eintritt verlangt wird, sollte man unbedingt einen Blick hineinwerfen.

In der ersten Abteilung geht es um **„Land"** (Flora/Fauna, Vor- und Frühgeschichte sowie Fossilien, Geologie, Klima u.a. Aspekte), in der zweiten um **„People"** – um Indianerstämme, frühe Siedler und Abenteurer sowie Mormonen –, in der dritten um **„History"** (Bodenschätze und Minen, Eisenbahn, Boom Towns, Ranches, Hoover Dam etc.) und die letzte Abteilung steht unter dem Motto **„Viva Las Vegas"**. Sie beschäftigt sich höchst interessant mit der Geschichte der Stadt und ihrem Aufstieg zur Glücksspiel- und Entertainmentmetropole. Vom Observation Deck aus bietet sich abschließend noch ein guter Ausblick über das Springs Preserve und auf die Stadt.

› 309 S. Valley View Blvd., http://nvculture.org/nevadastatemuseumlasvegas, Di.–So. 9–17 Uhr, im Eintritt zum Springs Preserve enthalten. Wechselausstellungen und Laden.

32 Campus der UNLV ★ [di]

Der Campus der **University of Nevada at Las Vegas** erstreckt sich grob gesagt zwischen Strip und East Las Vegas, genauer zwischen Maryland Parkway (O), Paradise Road (W), Flamingo Road (N) und Tropicana Avenue (S). Sehenswert ist dort zum einen das **Marjorie Barrick Museum** (s. S. 57). Abgesehen von der Las Vegas Art Museum Collection wird präkolumbianische und ethnografische Kunst gezeigt, es gibt Veranstaltungen und Wechselausstellungen.

Darüber hinaus existieren weitere kleinere **UNLV-Museen und -Galerien**, z. B. die Donna Beam Fine Art Gallery (Wechselausstellungen von Gastkünstlern), die Grant Hall Gallery, die Flo Mlynarczyk Gallery (Special Collections) oder die Brian & Jessie Metcalf Gallery. Außerdem sehenswert auf dem Campus ist das riesige **Kunstwerk** „Flashlight" von Claus Oldenburg und Coosje Van Bruggen von 1981 (nahe Maryland Pkwy., zwischen Judy Bayley Theatre und Artemus W. Ham Concert Hall).

Architektonisch interessante Bauten sind ebenfalls auf dem ganzen Campus verstreut zu finden, beispielsweise die beiden Sporthallen Thomas & Mack Center (1984, 18.000+ Plätze) und der Cox Pavilion (2001, 4000+ Plätze), die Paul B. Sogg School of Architecture (1997/2004), die Hank Greenspun School of Journalism (2008, Robert A.M. Stern Architects), das Rod Lee Bigelow Health Sciences Building (1992), die John S. Wright Hall (1965 bzs. 2004/5), das Beam Music Center (2001), die Lied Library (2000), der Reynolds Student Services Complex (1994), die Music Library oder das Bigelow Physics Building (1994) – die Letztgenannten vier wurden vom Büro Dekker Perich Holmes Sabatini aus New Mexico entworfen.

› **Infos:** www.unlv.edu (UNLV), www.unlv.edu/maps/museums-galleries (UNLV Museums and Galleries)

› **Parken:** auf speziell gekennzeichneten Besucherparkplätzen bzw. in einer der beiden Parkgaragen (www.unlv.edu/maps/parking), von dort zu Fuß

Ausflüge

Las Vegas ist eine Welt für sich, jedoch eine, die in eine grandiose Landschaft – Mojave-Wüste einerseits und Colorado Plateau mit Canyons und Felsformationen andererseits – eingebettet ist. Daher wäre ein Las-Vegas-Besuch ohne Ausflüge in die nähere Umgebung unvollständig. Abstecher in die Wüste, zum Lake Mead, zum Hoover Dam oder sogar zum Grand Canyon sind in einem bzw. einem halben Tag gut machbar.

Zwei kürzere Ausflüge ins Umland führen in die Mojave-Wüste: Einer geht westwärts zum **Red Rock Canyon** 33, in eine grandiose Wüstenlandschaft, die auch zu Wanderungen einlädt. Die zweite Tour hat ebenfalls die Mojave-Wüste zum Ziel, doch begeistert das nordöstlich der Stadt gelegene **Valley of Fire** 35 in erster Linie wegen der in einzigartigen Rot-, Orange- und Brauntönen gefärbten, spektakulären Felsformationen. Eine dritte Exkursion – kombinierbar mit der Fahrt zum Valley of Fire – führt zum **Lake Mead** 34, dem riesigen Stausee des Colorado River – ein beliebtes Freizeitareal in Stadtnähe.

Allein schon wegen der spektakulären Konstruktion in einer engen Schlucht sehenswert ist überdies der **Hoover Dam** 36 und wer sich etwas mehr Zeit nimmt, kann von Las Vegas aus den **Grand Canyon** (s. S. 54) kennenlernen.

Reiseplanung – Ausflüge

Es empfiehlt sich, den einen oder anderen **Ausflug in die An- oder Weiterfahrt einzubauen.** Die wenigsten Besucher kommen schließlich allein zu einem Städteaufenthalt mit dem Flugzeug nach Las Vegas. Wer weiter Richtung Arizona (südwärts) fährt, könnte Lake Mead, Boulder City und den Hoover Dam auf der Fahrt dorthin „mitnehmen". Lake Mead und das Valley of Fire lassen sich mit einem Umweg auf der Route nordostwärts Richtung Utah erkunden. Und wer westwärts zum Death Valley nach Kalifornien weiterfährt, passiert dabei den Red Rock Canyon.

33 Red Rock Canyon National Conservation Area ★★★

Westlich von Las Vegas erstreckt sich mitten in der Felslandschaft der Mojave-Wüste das Naturschutzgebiet um den Red Rock Canyon. Schon das lehrreiche Besucherzentrum lohnt den Besuch und die etwa 30 km lange Rundroute durch das Naturschutzgebiet gibt Gelegenheit, das Gelernte über Flora und Fauna der Hochwüste in der Praxis zu überprüfen.

048lv Abb.: mb

Red Rock Canyon, eine eindrucksvolle Wüsten-Berglandschaft westlich von Las Vegas

Kaum 25 km westlich von Las Vegas liegt dieses Hochwüstental, mitten in der Mojave-Wüste und vor dem Hintergrund einer mächtigen Bergkette. Die Nähe zur Stadt sorgt dafür, dass alljährlich über eine Million Besucher den Weg in das Naturschutzgebiet finden, das geologisch hochinteressant ist. Wie viele Teile des nordamerikanischen Westens war auch dieses Gebiet einst von einem Ozean bedeckt. Aus jener Zeit stammen die grauen Kalksteinschichten, in denen sich reichlich **Fossilien** gefunden haben.

Die namensgebenden Schichten aus rotem Sandstein stammen aus einer jüngeren Periode der Erdgeschichte: Erdplatten trafen aufeinander und Gesteinsschichten wurden übereinander geschoben. Die hier entstandene sogenannte **Keystone Thrust Fault** war bis vor 70 Millionen Jahren noch aktiv und prägt als mächtige Verwerfung den Westen des Las Vegas Valley. Der dadurch sichtbar gewordene rote Sandstein, „Aztec Sandstone" genannt, reicht etwa 250 Millionen Jahre in die Epoche der Dinosaurier zurück. Erster Halt sollte das **Red Rock Canyon Visitors Center** sein: In dem modernen Komplex lernt man einerseits etwas über die geologischen Besonderheiten, andererseits stehen Flora und Fauna der Mojave-Wüste im Zentrum. Die Ausstellungen setzen sich im Außenbereich fort. Dort geht es um das Leben in der Wüste, gegliedert – auch farblich abgesetzt – nach den vier Elementen Erde *(Earth)*, Feuer *(Fire)*, Luft *(Air)* und Wasser *(Water)*.

Anschließend führt ein etwa 20 km langer **Scenic Drive** (Einbahnstraße) durch das Naturschutzgebiet, mit mehreren Stopps an markanten Punkten, die auf Hinweistafeln erläutert sind. Auf Trails kann man zu Fuß tiefer in die Landschaft vordringen.

Dabei stößt man auch auf **Spuren der Indianer** (s. S. 50), die im Herbst und Winter im Tal lebten und sich während der heißen Sommermonate in die kühleren Berge zurückzogen. Von ihnen sind Rock Shelters (Höhlen), Agave Roasting Pits (Vorrichtungen zum Rösten der Agave-Herzen), Petroglyphen und Piktogramme (Felszeichnungen und -ritzungen), v. a. bei Willow Springs, erhalten. Lange interessierten sich die weißen Siedler nicht für die Wüste und erst 1876 entstand südlich des Naturschutzgebiets die **Sand Stone Ranch** (Spring Mountain Ranch). Zwischen 1905 und 1912 wurden einige Sandstone Quarries (Sandsteinbrüche) ins Leben gerufen, die jedoch bald unrentabel wurden.

Dadurch blieb die faszinierende Fels- und Wüstenlandschaft mit ihrer interessanten **Flora und Fauna** zum Glück erhalten. Im Red Rock Canyon sind beispielsweise fast 200 Vogelarten beheimatet, es gibt Joshua Trees und Creosote-Büsche sowie unzählige Kakteenarten. Neben Wildpferden und wilden Maultieren gibt es Koyoten, *bobcats* (Rotluchse), *mountain lions* (Pumas), *bighorn sheep* (Dickhornschafe), *kangaroo rats* (Kängururatten) und *blacktail jackrabbits* (Hasenart), dazu *rattle snakes* (Klapperschlangen), *gopher snakes* (Gophernattern), *king snakes* (Königsnattern), Schildkröten oder Eidechsen.

Auf **Wanderungen** unterschiedlicher Länge und **Klettertouren** (*permit* nötig) sollte man stets viel Wasser bei sich haben. Während des Monsoons können plötzliche Wolkenbrüche und Gewitter dazu führen, dass sich in ausgetrockneten Flussbetten Springfluten bilden.

› **Red Rock Canyon Visitor Center,** Scenic Loop Dr., ab Blue Diamond Rd. (Hwy. 159 bzw. W. Charleston Blvd. auf Stadtgebiet), ca. 25 km westlich von Las Vegas, www.redrockcanyonlv.org, Visitor Center tgl. 8–16.30, Park 6–mind. 17, im Sommer bis 20 Uhr, $ 7/ Pkw. Ca. 20 km langer Scenic Drive mit Stopps und Ausgangspunkten für Trails in die Wildnis (1–2,5 Std.). Organisierte Touren ab Las Vegas, z. B. von Pink Jeep Tours (s. S. 120).

Great American Desert – Wüste ist nicht gleich Wüste

Als sie die ausgedehnten Wüstenregionen im Westen und Südwesten Nordamerikas erstmals erblickten, sprachen die ersten Abenteurer und Forscher pauschalierend von der ***Great American Desert.*** *Dabei handelt es sich um vier ganz unterschiedliche Wüsten: Mojave, Sonoran, Chihuahua und Great Basin Desert. Sie haben mit der üblichen Vorstellung von endlosen Sandflächen wenig zu tun und jede einzelne weist eigene Charakteristika auf.*

049lv Abb.: mb

Die ***Mojave Desert*** *erstreckt sich vom östlichen Kalifornien über den Süden Nevadas bis in den Südwesten Utahs und erreicht dabei auch Teile Arizonas. Sie gilt als heißeste Wüste und wird vom* ***Joshua Tree*** *dominiert, einer Yucca-Art. Benachbart erstreckt sich die* ***Great Basin Desert,*** *die größe Wüstenregion Nordamerikas, die von der äußersten nordwestlichen Ecke Arizonas über Nevada und Utah bis hinauf nach Idaho und Oregon im Nordwesten reicht. Bei Höhenlagen von 1200 m und mehr handelt es sich um eine relativ kühle Wüste. Die* ***Sonora Desert*** *erstreckt sich über nur 800 bis 900 m hohe Tiefebenen und Becken bei Phoenix/Arizona südwärts bis hinein nach Mexiko. Die das Bild dominierende Pflanze ist hier der* ***Saguaro-Kaktus.*** *Östlich schließt sich die* ***Chihuahua Desert*** *an. Sie bedeckt große Teile von Mexiko und reicht nordwärts in die US-Bundesstaaten Arizona, New Mexico und West-Texas hinein. Die nach dem Great Basin zweitgrößte Wüste Nordamerikas weist Höhenlagen von 1000 bis 1500 m auf. Die dominierende Pflanze ist der Kreosotbusch.*

Die Wüste lebt: ein junger Rennkuckuck genießt den Schatten

34 Lake Mead National Recreational Area ★

Etwa 35 km östlich von Las Vegas bietet der tiefblaue Lake Mead Abwechslung anderer Art. Erste Anlaufstelle sollte das **Lake Mead National Recreational Area Alan Bible Visitor Center** bei Boulder City sein, das über die Entstehung des Lake Mead, seine Flora, Fauna und das Freizeitangebot informiert. Auf der Lakeshore Road (SR 147) und der North Shore Scenic Road (SR 41A) kann man dem Westufer des Lake Mead etwa 70 km folgen. Dabei verläuft die Route oberhalb des Stausees und nur kurze Stichstraßen führen ans Wasser, zu Jachthäfen, Stränden oder Campingplätzen.

Ein Anlaufpunkt am Ufer ist **Calville Bay,** einst ein bedeutender Flusshafen. Heute ist es unvorstellbar, wie die kleinen Dampfschiffe einst die Stromschnellen des Colorado River gemeistert haben! Als die Eisenbahn 1869 den Warentransport auf dem Fluss überflüssig machte, verlor Calville Bay seine Bedeutung und wurde zur Geisterstadt. Die Ruinen der alten Siedlung liegen jetzt unter der Wasseroberfläche und die moderne Neugründung dient v. a. als Hafen für Freizeitboote.

Mit dem 640 km² großen Lake Mead wurde der Colorado River zu **einem der größten künstlichen Seen der USA** aufgestaut. Er dient als Trinkwasserreservoir und Stromlieferant für mehrere Bundesstaaten und ist für rund 15 Mio. Menschen von existenzieller Bedeutung. Insgesamt ist der See 177 km lang und 152 m tief. Aufgrund der vielen Buchten beträgt die gesamte Uferlänge über 1300 km. Der See bedeckt eine **Fläche** von knapp 64.000 ha und fasst 25 Mrd. Kubikmeter Wasser. Nach dem Bau des Hoover Dam 36 im Jahr 1936 dauerte es zwei Jahre, bis der Colorado River dieses Reservoir vollständig gefüllt hatte und der Stausee mit seinen zahlreichen Seitenarmen entstanden war. Nach der Dürre in den vergangenen Jahren ist der Spiegel des Sees sichtbar gesunken. Zwar haben zuletzt starke Schneefälle in den Rocky Mountains wieder für ein Ansteigen der Pegel gesorgt, doch der Wasserbedarf der Metropole Las Vegas verhindert ein Anfüllen des Stausees.

Der Lake Mead ist **Wasser- und Energielieferant,** aber zugleich auch ein wichtiges **Naherholungsgebiet:** Angeln und jede Art von Wassersport sind hier möglich. Das ganze Areal um den verzweigten See, das sich nach Osten und Süden entlang der Grenze zwischen den Bundesstaaten Nevada und Arizona und dem Colorado River erstreckt, ist als **National Recreational Area** dem National Park Service als Schutzgebiet unterstellt.

ℹ 11 **Lake Mead NRA Alan Bible Visitor Center,** Hwy. 93, Boulder City, tgl. 9–16.30 Uhr, www.nps.gov/lake, $ 20/Pkw. Es gibt mehrere Versorgungsstationen am Seeufer, z. B. Boulder Beach, Calville Bay, Echo Bay, mit Bootsanleger, Camping, Hausbootverleih, teils mit Laden und Lokal.

› **Lake Mead Adventures,** Las Vegas Boat Harbor (nahe dem Visitor Center), www.boatinglakemead.com, Boote ab $ 50/Std. ($ 300/Tag)

Die „Beehives", ungewöhnliche Felsformationen im Valley of Fire

35 Valley of Fire State Park ★★★

Obwohl das „Tal des Feuers" wie der Red Rock Canyon 33 in der Mojave-Wüste liegt, präsentiert sich dieses Naturschutzgebiet östlich der Stadt ganz anders. Seinen Namen hat das Tal von seinen roten Sandsteinformationen, interessant sind darüber hinaus auch die Hinterlassenschaften prähistorischer Indianerkulturen.

Nordöstlich von Las Vegas erstreckt sich das Valley of Fire, das als State Park **unter Naturschutz** steht. Die namensgebenden roten Sandsteinformationen des Valley of Fire gehen nicht wie diejenigen im Red Rock Canyon auf die Auffaltungen von Gebirgen durch Plattenverschiebungen zurück. Sie entstanden vielmehr vor etwa 150 Mio. Jahren aus gigantischen **Wanderdünen.** Hebungen und Senkungen durch Erdbeben, Erosion und klimatische Einflüsse haben über Jahrmillionen die heutige Landschaft mit ihren rot gefärbten Felsen entstehen lassen.

Noch deutlicher als im Red Rock Canyon haben im Valley of Fire **prähistorische Indianer** ihre Spuren hinterlassen. Am **Atlatl Rock** kann man eine Treppe hinaufsteigen, um aus nächster Nähe Petroglyphen (Felsritzungen) zu betrachten. Prähistorische Indianerkulturen (s. S. 50) besuchten das Tal zwischen 300 und etwa 1150 n. Chr. regelmäßig, siedelten sich allerdings wegen des permanenten Wassermangels nicht dauerhaft an. In kleinen Gruppen kamen sie ins Valley of Fire zum Jagen und Sammeln und auch religiöse Zeremonien sollen hier stattgefunden haben. Die Ehrfurcht der Indianer vor diesem Ort versteht man bei einem nächtlichen Besuch: Der **Sternenhimmel** ist einfach grandios!

Auch im Valley of Fire ist die **Wüste weit vielseitiger** als man denkt. So dominieren hier neben Kakteen wie *chollas* (eine Opuntien-Kakteenart) auch Kreosotbüsche und an Tie-

050lv Abb.: mb

Those who came before

Als die ersten weißen Abenteurer, Siedler und Forscher ins Las Vegas Valley kamen, stießen sie auf Indianer, die in verhältnismäßig kleinen Gruppen als Bauern und Jäger lebten. Es handelte sich um eine lokale Gruppe der ***Southern Paiute*** *oder „Numu" (für „Volk"), die sich selbst als „Tudinu" („Desert People") bezeichneten. Ihre Nachkommen leben heute als* ***Las Vegas Tribe of Paiute Indians*** *in einem Reservat nordwestlich der Stadt. Sie sind von den benachbarten Völkern des Colorado River Tals, den* ***Pai-Stämmen*** *(Hualapai, Yavapai und Huvasupai) und den* ***Mohave*** *zu unterscheiden.*

Viele Völker im Südwesten der USA sehen sich als Nachfahren der einst hier blühenden und zwischen dem 12. und 14. Jh. verschwundenen prähistorischen Ackerbaukulturen. Es hatten sich kulturell hoch entwickelte Gesellschaften herausgebildet, die neben Mais auch Kürbis, Bohnen, Baumwolle und Tabak anbauten und in ausgedehnten Siedlungen mit komplexer Gesellschaftstruktur lebten. Schon im 1. Jh. n. Chr. gelang es den im heutigen Süd-Arizona beheimateten ***Hohokam,*** *mit komplizierten Bewässerungssystemen die Wüste fruchtbar zu machen und zu bewirtschaften. Zur gleichen Zeit lernten die östlich benachbarten* ***Mogollón*** *die Technik des Töpferns und im heutigen Vierländereck Arizona-Colorado-New Mexico-Utah begannen ab dem 7./8. Jh. die* ***Ancient Puebloans*** *(früher: „Anasazi" genannt) als Ackerbauern und Händler, aber auch als Baumeister in Erscheinung zu treten. Sie errichteten mehrstöckige Pueblos und bauten Klippenhäuser in die Felswände. Ihr Lebensraum reichte bis ins Las Vegas Valley - Spuren finden sich im und um das Valley of Fire* ***35****.*

Das ***Verschwinden der prähistorischen Indianerkulturen*** *gibt noch heute Rätsel auf. Fest steht, dass sie ab Mitte des 12. Jh. ihre Wohnstätten aufgegeben haben. Nach neuesten Forschungsergebnissen waren wohl eine lang anhaltende Dürre und politische Unruhen dafür verantwortlich. Die Überlebenden siedelten sich weiter südlich in den Flusstälern an und gelten als Vorfahren der heutigen Pueblo-Indianer. Die unzerstörten und zum Teil erst im 19. Jh. wiederentdeckten Dörfer künden ebenso von der hoch entwickelten Kultur wie ihre Felsbilder. Die „Zeichnungen" wurden meist in geneigte Felsflächen geritzt (Petroglyphen); daneben gibt es gemalte Symbole (Piktogramme), die allerdings meist nicht so gut erhalten sind.*

051lv Abb.: mb

Petroglyphen prähistorischer Indianer am Atlatl Rock im Valley of Fire

ren sind Klapperschlangen, die geschützten Wüstenschildkröten, Eidechsen, Koyoten, *kit foxes* (eine Fuchsart), *antelope ground squirrels* (Erdhörnchen), Kaninchen oder Stinktiere sowie zahlreiche Vogelarten zu entdecken.

Über Indianer, frühe Siedler und die Natur informiert das **Besucherzentrum,** das mitten im State Park liegt. Von hier führt eine Stichstraße zu Attraktionen wie der **Rainbow Vista,** dem viel fotografierten **Fire Canyon** und den **White Domes.** Eine andere Stichstraße im Westen des Parks passiert den bereits erwähnten **Atlatl Rock** sowie den **Arch Rock.** Weitere Attraktionen an der Durchgangsstraße sind die sogenannten **Beehives,** eine an Bienenstöcke erinnernde Felsformation, sowie andere kuriose Felsgebilde wie **Elephant Rock** oder **Seven Sisters.**

Hat man den Park von der I-15 von Westen her angefahren, muss man sich im Osten angekommen entscheiden: Auf dem Northshore Drive geht es **südwärts** entlang dem Lake-Mead-Ufer via Henderson nach Las Vegas (ca. 120 km). Wer sich für die Besiedlungsgeschichte interessiert, sollte **nordwärts** auf dem Hwy. 169 durch das **Moapa Valley** fahren. Hier haben die prähistorischen Indianer, deren Spuren man an den Felsen des Valley of Fire bewundert hat, einst Ackerbau betrieben. Heute sind es die **Mormonen,** die sich diese ehemals abgelegene, lebensfeindliche Gegend zur Besiedelung ausgesucht haben. Lohnend am Ortsausgang von **Overton** ist ein Blick ins **Lost City Museum.** Dort wurden Hütten der Ancient Puebloans nachgebaut und es gibt eine interessante Sammlung von Stücken der frühen Pueblo-Kulturen des Südwestens. Auch die erste „weiße Besiedlung" durch die Mormonen ist dokumentiert. Nördlich von Overton stößt man wieder auf die I-15, die zurück nach Las Vegas führt (ca. 140 km).

ℹ 12 **Valley of Fire State Park Visitor Center,** Valley of Fire Hwy., Overton, tgl. 9-16.30 Uhr, $ 10/Pkw, http://parks.nv.gov/parks/valley-of-fire. Anfahrt: ca. 90 km auf der Autobahn I-15 und den Valley of Fire Hwy. bzw. ca. 120 km über Henderson und die Northshore Rd. (SR 41A) entlang dem Ufer des Lake Mead.

M 13 **Lost City Museum,** 721 S. Moapa Valley Blvd., Overton, http://nvculture.org/lostcitymuseum, tgl. 8.30-16.30 Uhr, $ 5

36 Hoover Dam ★★★

Die zwischen 1931 und 1935 erbaute Talsperre am Colorado River ist schon wegen ihrer Dimensionen sehenswert. Auch wer sich nicht für die technischen Details interessiert – der Blick vom Aussichtspunkt an der Straßenbrücke über den Fluss ins benachbarte Arizona lohnt.

Ehe man den Hoover Dam erreicht, lohnt ein Abstecher in die kleine Innenstadt von **Boulder City,** die als Planstadt für die mehr als 4000 am Dammprojekt beteiligten Arbeiter entstanden ist. Es gibt eine ansprechende Innenstadt entlang Nevada Way und Arizona Street mit Cafés (z. B. Milo's Inn & Bakery oder Coffee Cup), dem Boulder Dam Brewpub und dem Historic Boulder Dam Hotel – heute Hotel, Restaurant und Sitz des Boulder City/Hoover Dam Museum (s. S. 56).

Einst verlief der US Hwy. 93 von Las Vegas ins benachbarte Arizona Richtung Kingman direkt über den Hoover Dam, heute geht es auf der vierspurigen und knapp 600 m lan-

0521v Abb.: mb

gen **O'Callaghan & Tillman Memorial Bridge** in gut 250 m Höhe mit Blick auf die Talsperre über die Schlucht des Colorado River. Ein Muss ist der Aussichtspunkt am Hwy. 93 (ausgeschildert, an der Zufahrt zum Visitor Center).

Bereits von der **O'Callaghan & Tillman Memorial Plaza** hat man einen guten Blick auf die tief unten liegende Talsperre und den Fluss, folgt man jedoch dem Fußweg über die Brücke auf die andere Seite, wird es noch spektakulärer. Benannt wurden Plaza und Brücke nach Mike O'Callaghan (1929–2004), dem demokratischen Gouverneur von Nevada (1971–1979) und Chefredakteur der Las Vegas Sun, und Pat Tillman (1976–2004), Football-Profi der Arizona Cardinals, der sich nach den Attentaten des 11. September 2001 zur Army meldete und in Afghanistan ums Leben kam.

Der **Hoover Dam** ist Teil eines Systems, das den Colorado River nicht nur gebändigt hat, sondern zugleich für Landwirtschaft, Stromversorgung und Tourismus in weiten Teilen Arizonas, Nevadas und Kaliforniens von großer Bedeutung ist. Schon die ers-

Der Hoover Dam staut seit den 1930er-Jahren den Colorado River zum Stausee Lake Mead auf

ten Siedler versuchten, den Colorado River zu nutzen, doch immer wieder überfluteten die Wassermassen im Frühjahr – bedingt durch die Schneeschmelze in den Rocky Mountains – das Land, während im Sommer und Herbst oft nur ein müdes Rinnsal zur Verfügung stand.

Nach einer erneuten **Überschwemmungskatastrophe** 1905, bei der der Colorado seinen Lauf veränderte, bis ins Imperial Valley in Kalifornien vordrang und die Salton-Senke östlich von San Diego zum Salton Sea werden ließ, beschloss man 1922, den Flusslauf zu regulieren und die Wasserkraft gezielt zu nutzen. Das Abkommen regelte die Wassernutzungsrechte der sieben Anrainerstaaten (Colorado River Compact) und seit 2017 auch zwischen den USA und Mexiko.

Im Rahmen des „New Deal" und des damit zusammenhängenden Arbeitsbeschaffungsprogramms wurde die Talsperre, ein **technisches Meisterwerk**, ab 1931 erbaut und am 30.9.1935 von Präsident Franklin D. Roosevelt eingeweiht. Verantwortlich für den Bau war das Bureau of Reclamation, eine Abteilung des Innenministeriums, unter dem damaligen Chefingenieur **John L. Savage** (1879–1967). Für die Baudurchführung war **Six Companies** verantwortlich, ein Zusammenschluss von sechs Bauunternehmen des Westens. Die erste Turbine ging 1936 in Betrieb, die 17. und letzte im Jahr 1961. Das zunächst als „Boulder Dam" bezeichnete Bauwerk wurde 1947 offiziell zum „Hoover Dam", benannt nach **Präsident Herbert C. Hoover**, in dessen Amtszeit (1929–1933) der Baubeginn fiel. Eine informative Ausstellung zum Bau befindet sich im Springs Preserve 30.

EXTRAINFO

Hoover Dam in Zahlen

- **Höhe:** 221 m
- **Länge:** 379 m
- **Mauerdicke an der Krone:** 13,7 m
- **Mauerdicke an der Basis:** 201,2 m
- **Verbauter Beton:** 2,5 Mio. m³
- **Wassermengen:** deckt den Wasserbedarf von ca. 15 Mio. Menschen
- **Energieproduktion:** ca. 4 Mrd. Kilowattstunden pro Jahr (deckt den Strombedarf von 500.000 Haushalten)

- **Hoover Dam,** ab Hwy. 93, an der Grenze von Nevada und Arizona, www.usbr.gov/lc/hooverdam, Parkhaus (tgl. 8–17.15 Uhr, $ 10) auf Nevada-Seite, schräg gegenüber befindet sich das Visitor Center mit Filmvorführung und Ausstellung, tgl. 9–16.15 Uhr, $ 10, Touren finden von 9.25–15.45 Uhr statt: Powerplant Tour $ 15 (inkl. VC), Hoover Dam Tour (inkl. Powerplant und VC $ 30). Wegen strenger Sicherheitskontrollen kann es zu Wartezeiten kommen.
- **O'Callaghan & Tillman Memorial Plaza,** ab Hwy. 93 ausgeschildert. Mit Parkplätzen, Blick auf Canyon, Staudamm und Colorado River.
- **Boulder City/Hoover Dam Museum** (s. S. 56). Infos zur Stadt- und Dammbaugeschichte.

14 Boulder Dam Brewing Co., 453 Nevada Way, Boulder City, www.boulderdambrewing.com. Kleine Brauerei in Boulder City, die ein Lokal mit Biergarten betreibt.

15 Historic Boulder Dam Hotel $$$, 1305 Arizona St., Boulder City, www.boulderdamhotel.com. Historisches Hotel, das nach Renovierung wieder im Glanz der 1930er-Jahre erstrahlt, als hier der damalige Präsident zu Gast war.

EXTRATIPP

Grand Canyon

Es war ein ungewöhnlicher Mann, der das Naturwunder Grand Canyon ins gebührende Rampenlicht rückte: **John Wesley Powell** (1834–1902), ein naturbegeisterter Geologieprofessor, ließ sich trotz des Verlusts seines linken Arms im Amerikanischen Bürgerkrieg nicht von naturkundlichen Expeditionen abhalten. In den Jahren 1869 und 1871 erkundete er den Colorado River und den Grand Canyon.

Auf seiner zweiten Reise war mit **John K. Hillers** (1843–1925) ein Fotograf dabei, der das Naturwunder erstmals bildlich festhielt. Seine Fotos bewirkten, dass Bereiche des Südwestens anschließend unter Naturschutz gestellt wurden.

Powell und seine Männer erlebten auf ihren Booten noch einen ungezähmten **Colorado River,** heute ist der Fluss hingegen durch zwei große Stauseen gebändigt: Flussaufwärts, bei Page (Arizona), liegt der **Lake Powell,** durch den Glen Canyon Dam aufgestaut, und flussabwärts sorgte der Hoover Dam 36 südlich von Las Vegas (Nevada) für die Entstehung des **Lake Mead.**

Das Ungewöhnliche an der Landschaft des Grand Canyon ist, dass man hier nicht aufblickt zu einer monumentalen Berglandschaft, sondern nach unten in **eine gut 1,5 km tiefe Schlucht.** Wie ein aufgeschlagenes Buch der Erdgeschichte dokumentiert die klar erkennbare Schichtenfolge in der Canyonwand verschiedenste Erdzeitalter und Naturkatastrophen. Sie reicht hinab zum Colorado River, der sich im Lauf der Zeit immer tiefer in die Hochebene hineingefressen hat.

Ein **Hubschrauberflug zum bzw. über den Grand Canyon** ist ein unvergessliches Erlebnis. Seit 1965 bietet z. B. Papillon Grand Canyon Helicopters (s. S. 120) Rundflüge und Tagestouren an.

› **Grand Canyon National Park:** www.nps.gov/grca

076lv Abb.: Papillon

LAS VEGAS ERLEBEN

002lv Abb.: wr

018lv Abb.: mm

Las Vegas für Kultur- und Architekturinteressierte

Nach Las Vegas fährt man nicht wegen Architektur oder Kultur. Hierher locken einarmige Banditen, Hotel-Casinos, Dolce Vita und Entertainment, wobei Shows und Konzerte auch wieder Kulturevents sind. Es gibt aber durchaus sehenswerte Museen und in den letzten Jahren entstanden architektonisch beachtliche Projekte, die sich vor allem durch LEED-Zertifizierungen für energiesparende/umweltbewusste Bauweise auszeichnen.

Museen

16 Boulder City/Hoover Dam Museum, 1305 Arizona St., Boulder City, www.bcmha.org, Mo.-Sa. 10-17 Uhr, $ 2. Auf dem Weg von Las Vegas zum Staudamm passiert man die kleine Ortschaft mit dem historischen Boulder Dam Hotel. Dort gibt es eine Ausstellung über den Dammbau und die gleichzeitig entstandene Ortschaft.

17 [B4] **DISCOVERY Children's Museum,** 360 Promenade Place, www.discoverykidslv.org, Di.-Fr. 9-16, Sa. 10-17, So 12-17 Uhr, im Sommer Mo.-Sa. 10-17, So. 12-17 Uhr, $ 14,50. Kindermuseum im Smith Center mit neun Ausstellungsbereichen. Interessante Abteilungen sind „Eco City" (Umwelt) oder „It's Your Choice" (Ernährung).

18 [A12] **Erotic Heritage Museum,** 3275 Sammy Davis Jr. Dr., www.eroticmuseumvegas.com, Mo.-Mi. 11-19, Do.-So 11-22 Uhr, $ 30. Erotikmuseum in einem ehemaligen Pornokino mit etwas kurioser Mischung aus historischen Artefakten, Kunstwerken und Pornoartikeln sowie -filmen. Im Jahr 2008 von dem Priester Ted McIlvenna und dem Porno-Unternehmer Harry Mohney gegründet, die Sex und körperliche Liebe als Ausdruck menschlicher Existenz allen Menschen zugänglich machen wollen.

Ins historische Courthouse ist das Mob-Museum 25 eingezogen

Vorseite: Sehenswerte Show im Hotel Wynn 3 - „Le Reve - The Dream"

🏛19 [C1] **Las Vegas Natural History Museum,** 900 N. Las Vegas Blvd., www.lvnhm.org, tgl. 9–16 Uhr, $ 12. Das kleine Naturkundemuseum neben dem Old Mormon Fort ist etwas in die Jahre gekommen, dennoch lohnt ein Besuch der Dinosaurier-Abteilung – v. a. für Familien –, außerdem sind Wild Nevada und die ägyptische Abteilung interessant.

🏛20 [di] **Marjorie Barrick Museum,** 4505 S. Maryland Pkwy., UNLV-Campus, http://barrickmuseum.unlv.edu, Mo.–Fr. 9–17, Do. bis 20 Uhr, Sa. 12–17 Uhr, freiwillige Spende $ 5. In dem Unimuseum gibt es neben einer Kunstsammlung Abteilungen zur präkolumbianischen und indianischen Kunst.

㉕ [C3] **Mob Museum/National Museum of Organized Crime and Law Enforcement.** In einem historischen Bau in Downtown geht es um die Rolle des organisierten Verbrechens, den Mythos und die Bekämpfung (s. S. 36).

🏛21 [ci] **National Atomic Testing Museum,** 755 E. Flamingo Rd., www.nationalatomictestingmuseum.org, Mo.–Sa. 10–17, So. 12–17 Uhr, $ 22. Interessantes Museum zu den Atomtests in der N2S2 (Nevada National Security Site) nördlich der Stadt, von 1951 bis 1958 oberirdisch, 1962 bis 1992 unterirdisch.

㉘ [D1] **Neon Museum.** Eines der ungewöhnlichsten Museen der Stadt. Die Lobby eines Motels dient als Zugangsbereich und Shop, auf dem „Neon Boneyard" selbst wurden Neon-Leucht-

EXTRATIPPS

Centennial Murals

Zum 100jährigen Stadtjubiläum im Jahr 2005 – dem Las Vegas Centennial – wurde die Aktion **The City of 100 Murals** ins Leben gerufen. Entstanden sind mittlerweile über 180 Wandbilder, an denen Tausende von Studenten, Künstlern und Bürgern beteiligt waren. Man findet sie in verschiedenen Größen und Stilen im ganzen Las Vegas Valley, an öffentlichen und privaten Gebäuden, im Außen- und Innenbereich. Hier einige Beispiele:

- **Chase,** 850 N. Las Vegas Blvd.
- **Feeding the 5,000+,** 231 W. Charleston Blvd.
- **Glamerous Games of the Past,** Golden Gate Hotel, 1 Fremont St.
- **Interpretive Vision,** 1228 S. Casino Center Blvd.
- **Nitelite,** Ecke Freemont St./ Las Vegas Blvd.
- **Our Community,** Ecke 3rd St./ E. Imperial Ave.
- **Our History,** 1630 S. Commerce St.
- **Pyramid at Red Rock Canyon,** Fremont Hotel, 200 Fremont/3rd St.
- **Roy Rodgers & Rex Bell,** Walgreens, Fremont St./4th St.
- **The Gutenberg Museum,** 1060 S. Main St.
- **The Old Ice House,** 708 S. Main St.
- **The Old Fort,** 500 E. Washington Ave.
- **Viva Las Vegas,** 1205 S. Las Vegas Blvd.

Außerdem entstehen im Rahmen des **Life is Beautiful Festival** (s. S. 82) ständig neue Kunstwerke.

- https://streetartnews.net/2014/12/street-art-and-graffiti-in-las-vegas.html bzw. https://lifeisbeautiful.com

Kulturszene Las Vegas

🎭22 [C6] **The Arts Factory,** 107 E. Charleston Blvd., www.theartsfactory.com. Galerien, Werkstätten und Büros des Contemporary Arts Collective, zudem Veranstaltungen und Bistro.

- **Weitere Infos:** www.lasvegasnevada.gov („Things to do"/„Arts & Culture")

019lv Abb.: mb

reklameschilder zusammengetragen (s. S. 39).

31 [af] **Nevada State Museum.** Teil des Springs Preserve. Die Ausstellungen geben einen guten multimedialen Überblick über Geschichte und Landschaft, Wirtschaft, Flora und Fauna des Staates (s. S. 44).

23 [C3] **Metropolitan Gallery Las Vegas,** 450 Fremont St., www.mglv.org, Mi.–Sa. 12–17 Uhr, $ 5. Am Ostende der Fremont Street Experience, im Neonopolis-Komplex (s. S. 36) gelegenes Kunstmuseum mit Wechselausstellungen.

29 [D1] **Old Las Vegas Mormon Fort State Historic Park.** Erinnert mit einer kleinen, aber interessanten Ausstellung, einem kurzen Film und Bauten auf einem Freigelände an die Ursprünge der Stadt (s. S. 41).

30 [af] **Springs Preserve.** Gelungene Mischung aus Naturkunde-, Geschichts-, Umweltschutzmuseum, dazu Botanischer Garten und Wüstenpark sowie Feuchtgebiet mit Trails (s. S. 42).

Wandbild mit Wahrzeichen der Stadt in Downtown

Architektur

Abgesehen von einzelnen herausragenden, modernen Hotelbauten (wie Wynn & Encore 3, Cosmopolitan 14 oder dem Rio Hotel, s. S. 125) ist der größte und auffälligste moderne Architekturkomplex der Stadt das **CityCenter** 15. Dieses Ensemble am Strip hat Las Vegas erstmals ein Zentrum und eine moderne Skyline gegeben. An seiner Entstehung waren einige der derzeit berühmtesten Architekten beteiligt, zudem ist der Komplex wegweisend in Bezug auf umweltfreundliches und energiesparendes Bauen. Aber nicht nur die Gebäude sind sehenswert, sondern auch die hier zusammengetragenen **Kunstwerke.**

Das zweite Zentrum modernen Bauens in Las Vegas ist der **Symphony Park** am westlichen Downtown-Rand. Den Mittelpunkt bildet das 2012 eröffnete **Smith Center for the Performing Arts** 26 in zeitloser, zurückhaltender Streamline-Architektur. Es bietet ebenfalls sehenswerte Kunstwerke, die auf dem Freigelände ringsum und auf die Gebäude verteilt sind.

Unübersehbar erhebt sich in der Nachbarschaft des Smith Center die **Ruvo Cleveland Clinic** (888 W. Bonneville Ave.). Wer andere Bauten von Frank Gehry gesehen hat, wird ihn hier sofort als Architekten identifizieren. Ebenfalls in der Nähe steht das **Clark County Government Center** (500 S. Grand Central Pkwy.) mit einer an Umgebung, Landschaft und Kultur angepassten Sandsteinfassade. Und noch ein Bau fällt hier aus dem Rahmen: das **World Market Center** (495 S. Grand Central Pkwy.), ein Komplex aus acht Gebäuden, die durch Skywalks miteinander verbunden sind. An diesen Bauten kommt man auch auf dem Weg zum **Las Vegas Premium Outlets – North** (s. S. 75) vorbei.

Das **Verwaltungszentrum** in Downtown (s. S. 33) bildet einen dritten interessanten Architekturkomplex der Stadt und auch die **Fremont Street Experience** 24 – ein 1995 fertiggestelltes Gemeinschaftsprojekt verschiedener Casinos – kann als Beispiel für moderne Architektur gelten, ebenso der **City Hall Complex** (400 E. Stewart Ave.), der 1973 erbaut und 2003 erweitert wurde und sich als elfstöckiger Turm mit niedrigem Ring und offener Plaza präsentiert. Heute wird das ehemalige Rathaus anderweitig genutzt (u. a. als Landeplatz für Helikopter), denn 2012 wurde eine neue, ebenfalls architektonisch auffällige **City Hall** (495 S. Main St.) in Betrieb genommen.

Zu den sehenswerten historischen Bauten zählen die **Las Vegas Academy of International Studies and Performing Arts** (315 S. 7th St.), ein Musterbeispiel für Art-déco-Architektur von 1930, das **Morelli House** (861 E. Bridger St.) – typisch für moderne Architektur aus den späten 1950er-Jahren – oder das **El Cortez Casino** (600 E. Fremont/6th St.). Letzteres wurde 1941 als erstes Resorthotel der Stadt von Marion Hicks and J.C. Grayson am Ende des Las Vegas Red Light District erbaut. 1945 übernahm es „Mafia"-Boss Bugsy Siegel. Trotz diverser Anbauten und Renovierungen ist immerhin die Fassade im Western-Ranch-Stil unverändert geblieben. Einst gehörte auch der **Emergency Arts Complex** (520 Fremont St.) zum El Cortez. 2010 ist eine Kunstkommune mit Galerien, Studios, Shops und Café in das Gebäude eingezogen. Sehenswert ist außerdem die **Historic Fifth Street School** (s. S. 39) von 1936, die 2008 als Kulturzentrum eröffnet wurde. Hier ist **AIA Las Vegas** – eine Abteilung des American Institute of Architects – zu Hause. Das ehemalige **U.S. Post Office & Court House** (301 E. Stewart Ave.), 1931 bis 1933 im Beaux-Arts-Stil erbaut, steht im National Register of Historic Places und ist seit Anfang 2012 Heimat des **Mob Museum** 25. Architektonisch sehenswert ist auch der **Campus der UNLV** 32.

› **AIA Las Vegas,** Historic Fifth Street School (s. S. 39), www.aialasvegas.org. Unter http://c.ymcdn.com/sites/www.aialasvegas.org/resource/resmgr/imported/Visitors%20Guide.pdf kann der „AIA Las Vegas Visitor's Guide" heruntergeladen werden.

◻ *Die ungewöhnliche Ruvo Cleveland Clinic von Frank Gehry*

020lv Abb.: mb

Las Vegas für Genießer

Viele Jahre lang waren überbordende, superpreiswerte Buffets in den Casino-Restaurants der Renner, inzwischen hat sich die Stadt jedoch zu einem Gourmet-Mekka entwickelt. Nach New York und San Francisco eroberte sich Las Vegas einen kulinarischen Toprang in den USA.

Längst haben in Las Vegas die besten Köche der Welt Lokale eröffnet und besonders in den neuen Hotels buhlen schicke Restaurants um zahlungskräftige Feinschmecker. Sogar die beliebten Buffets sind besser, aber auch teurer geworden. In jedem der Casino-Komplexe gibt es ein mehr oder weniger breites und unterschiedlich geartetes **Angebotsspektrum,** das meist vom schlichten Imbiss bzw. Café über das Buffet-Lokal bis hin zum „Fine Dining"-Restaurant – oder vom Steakhaus über den Burger Joint bis zum Sushi-Restaurant – reicht.

In Las Vegas fällt weder der/die Alleinreisende auf, noch gibt es Probleme, rund um die Uhr etwas zu essen oder trinken zu finden.

Nachfolgend eine **subjektive Auswahl** an Restaurants, bei der zu beachten ist, dass sich die kulinarische Szene in Las Vegas rasant schnell verändert.

Die **Angebotsfülle** hat auch zur Folge, dass in der Regel kaum ein Besucher eine saftige Taxirechnung bzw. müde Füße in Kauf nimmt, um ein Lokal weit entfernt vom eigenen Hotel bzw. vom Aufenthaltsort aufzusuchen.

Ausgewählte Lokale

Telefonnummern wurden nachfolgend angegeben, sofern eine Reservierung sinnvoll ist, ansonsten macht man es wie amerikanische Besucher: Man wartet bei einem **Drink an der Bar** (den man dann an den Tisch mitnehmen kann) auf einen freien Tisch.

Viele der Toplokale werden von bekannten TV-Köchen betrieben – z. B. Mario Batali, Emeril Lagasse, Bobby Flay oder Gordon Ramsey –, die auch in Städten wie New York oder Los Angeles präsent sind.

Preiskategorien

Annäherungswert für ein sättigendes Hauptgericht mit Beilagen ohne Getränk, Trinkgeld und Mehrwertsteuer

$	unter $ 10
$$	$ 10–20
$$$	$ 20–40
$$$$	über $ 40

Toplokale

24 [A19] **Aureole** $$$$, 3950 S. Las Vegas Blvd., Tel. 702 6327777, tgl. 17.30–22.30 Uhr. Abgesehen von seinem berühmten New Yorker Lokal betreibt Charlie Palmer dieses im Mandalay Bay – allein schon wegen des „Wine Towers" sehenswert. Die Speisekarte bietet kreative Küche mit Las-Vegas-Showeffekten, exklusiv und teuer.

25 [B14] **B&B Ristorante** $$$$, 3355 S. Las Vegas Blvd., Tel. 702 2669977, tgl. 17–23 Uhr. Im Venetian werden nach Rezepten von TV-Koch Mario Batali italienische Spezialitäten serviert. Nebenan, im Palazzo, gehört „Carnevino" ebenfalls zum Batali-Imperium.

26 [B14] **Bouchon Bistro** $$$$, 3355 S. Las Vegas Blvd., im Venetian, Tel. 702 4146200, tgl. Breakfast, Lunch und Dinner. Hier wird in der Küche unter der Ägide von Starkoch Thomas Keller eine einfallsreiche Mischung aus französischer und amerikanischer Küche gezaubert. Nicht günstig, aber wegen der romantischen Atmosphäre und der Oyster Bar beliebt. Ab 7 Uhr Frühstück und Wochenendbrunch von 7 bis 14 Uhr.

Viele Topköche aus aller Welt haben Las Vegas zu einer kulinarischen Hochburg gemacht

EXTRATIPP

Die Qual der Wahl beim Essen

- **Restaurantempfehlungen** im Internet: www.vegas-online.de/restaurants.htm, www.eatingLV.com
- **Tix4Tonight** bietet Rabatte bei Buffets und Mahlzeiten. Die „Dining Card" ist für $ 5 an den Ständen am Strip bzw. unter www.tix4tonight.com/vegas-dining-card erhältlich.
- **Tipp bei Hitze:** Wasserverkäufer verkaufen am Strip großteils nicht offiziell, sondern gegen eine „Spende" von $ 1 eiskalte Wasserflaschen. Man sollte darauf achten, dass die Flaschen fest verschlossen/versiegelt sind.

EXTRAINFO

Trinkgelder

Trinkgeld *(tipp/gratuity)* wird, da die Löhne im Dienstleistungsgewerbe gering sind, erwartet. Im **Restaurant** werden 15–20 % vom Rechnungsbetrag ohne Steuern erwartet, an der **Bar** $ 1 bis 2 pro Drink. An **Spieltischen** gibt man den *gaming dealers* bei Gewinnen einen Chip bzw. beim Poker $ 1 Trinkgeld. Für den Transport von **Gepäck** im Hotel sind $ 1 bis 2 pro Gepäckstück angemessen, fürs **Parken** *(valet parking)* gibt man bei Bereitstellung des Wagens mindestens $ 2. Ein **Zimmermädchen** erhofft sich $ 3 pro Tag und **Taxifahrer** mind. 15 % der Gesamtsumme.

Gastro- und Nightlife-Areale

Bläulich hervorgehobene Bereiche in den Karten kennzeichnen Gebiete mit einem dichten Angebot an Restaurants, Bars, Klubs, Discos etc.

EXTRATIPPS

Für den späten Hunger

35 [B17] **Fatburger,** 3763 S. Las Vegas Blvd., 24 Std. geöffnet. Die Gerichte werden auf Bestellung frisch und aus besten Zutaten zubereitet. Es gibt Bier, Wein und Cocktails, die man auch an der Bar im Freien genießen kann.

36 [B14] **Hash House a go go** $$, 3535 S. Las Vegas Blvd., im LINQ Hotel, tgl. 24 Std. geöffnet. Der Schwerpunkt liegt auf amerikanischen Klassikern, dabei wird Wert auf Bio-, lokale und frische saisonale Ware gelegt. Filiale: 1 S. Main St. (Plaza Hotel).

37 [D9] **Northside Café & Chinese Kitchen,** 2535 Las Vegas Blvd. S, im SLS Las Vegas. 24-hour Diner, v. a. bekannt für Pancakes, aber auch viel Chinesisches.

38 [B16] **Sugar Factory,** 3663 S. Las Vegas Blvd., Miracle Mile Shops, 24 Std. geöffnet. Beliebter Süßwarenladen und Lokal mit himmlischen Desserts und Eisdrinks. Weitere Filiale in der Fashion Show Mall (s. S. 76).

SUGARCANE raw bar grill

Ein Stück altes Havana in Las Vegas – sehr gemütlich und einladend, vor allem der Bistroteil mit der gut sortierten Bar. Global inspirierte, kreative Speisekarte, wobei man die Wahl hat zwischen Grill mit offenem Feuer, Raw Bar (Fisch/Meeresfrüchte) oder der Küche, die von Chefkoch Ryan Nuqui aus Hawaii betreut wird. Er kreiert ungewohnte Zusammenstellungen aus hawaianischer, südostasiatischer und amerikanischer Küche. Am besten wählt man mehrere Gerichte aus und teilt, dazu passen ein Cocktail oder ein lokales Bier.

39 [B14] **SUGARCANE raw bar grill** $$$, 3355 S. Las Vegas Blvd., Grand Canal Shoppes im Venetian Hotel, Tel. 702 4142263, So.–Do. 11–1, Fr./Sa. 11–2 Uhr

27 [B14] **Delmonico Steakhouse** $$$$, 3355 S. Las Vegas Blvd., Tel. 702 4143737, tgl. 11.30–14 und So.–Do. 17–22, Fr./Sa. bis 22.30 Uhr. Im Venetian bereitet der durchs Fernsehen berühmt gewordene Emeril Lagasse aus New Orleans Südstaaten-Küche zu, wobei v. a. Steaks dominieren. Ebenfalls von Emeril: Emeril's New Orleans Fish House und Lagasse's Stadium.

28 [B17] **Emeril's New Orleans Fish House,** 3799 S. Las Vegas Blvd., Tel. 702 8917374. Im MGM Grand befindliches Fischrestaurant.

29 [A15] **Guy Savoy** $$$$, 3570 S. Las Vegas Blvd., Tel. 702 7317110, Mi.–So. 17.30–21.30 Uhr. Sternelokal im Caesars Palace, sehr elegant, teuer und mit französischem Touch.

30 [B13] **Lagasse's Stadium,** 3325 S. Las Vegas Blvd., Tel. 702 607 2665. Sportübertragungen und Südstaaten-Küche

31 [B15] **Nobu Restaurant** $$$$, 3570 S. Las Vegas Blvd., Tel. 702 6935090, Mo.–Fr. 11–22, Sa./So. 8.30–22 Uhr. Japanisches Top-Restaurant im Caesars Palace mit Bar-Lounge. Sehenswertes Ambiente, gehobene Preise.

32 [B16] **Scarpetta** $$$, 3708 S. Las Vegas Blvd., Tel. 702 6987960, tgl. 18–23 Uhr. Im Cosmopolitan steht Chef Scott Conant aus New York City in der Küche und pflegt seine Vorliebe für einfache, aber delikate Nudelgerichte.

33 [A14] **Spago** $$$$, 3500 S. Las Vegas Blvd., Tel. 702 3696300, tgl. 17–22, Bar ab 11.30 Uhr. Aushängeschild des Restaurantimperiums des Österreichers Wolfgang Puck im Caesars Palace. Gerichte mit kalifornischem Touch.

34 [B14] **TAO** $$$$, 3377 S. Las Vegas Blvd., Tel. 702 3888338, tgl. 17–24 Uhr. Im Venetian befindet sich diese ungewöhnliche Mischung aus Asian Bistro und Nightclub mit Terrasse und Blick auf den Strip.

Aus aller Welt

40 [C15] **Battista's Hole in the Wall** $$, 4041 LINQ Lane, tgl. 17–22.30 Uhr. Familienbetriebenes, alteingesessenes Restaurant, in dem es italienische Hausmacherküche gibt. Zum Dinner gehören automatisch Minestrone oder Salat und Knoblauchbrot, Kaffee und Wein.

41 [ak] **Café Berlin** $$, 4850 W. Sunset Rd., Tel. 702 8754605, Mo.–Fr. 11–20, Sa./So. 16–20/21 Uhr. Beliebtes deutsches Lokal für alle, die auch im Urlaub nicht auf Gewohntes verzichten können.

42 [B16] **China Poblano** $$, 3708 S. Las Vegas Blvd., im Cosmopolitan Hotel, tgl. Lunch und Dinner. José Andrés vereint hier mexikanische und asiatische Küche und bietet z. B. Reis- und Nudelgerichte, Dim Sum und Tacos, Guacamole und Ceviches an.

43 [ci] **Hofbräuhaus Las Vegas** $$, 4510 Paradise Rd., Tel. 702 8532337, tgl. 11–23/24 Uhr. Original Hofbräuhaus-Bier in authentischem Hofbräuhaus-Nachbau. Die Stimmung ist grandios, das Essen schmackhaft und an den langen Tischen findet man schnell neue Freunde. Das Servicepersonal in Dirndln und Lederhosen serviert *Pretzels*, Haxe, Brotzeitteller, Wurstsalat und Obatzda, Käsespätzle und Schnitzel, Weißwurst und Leberkäse, aber auch Currywurst oder Sauerbraten. Bundesliga-Fußballübertragungen und Special Events wie Oktoberfest. Mit Souvenirladen.

44 [B14] **Otto Enoteca** $$$, 3355 S. Las Vegas Blvd., Tel. 702 6773390, tgl. 11–23 Uhr. Im Venetian betreibt TV-Koch Mario Batali ein Lokal mit italienischen Standards und interessanten Vorspeisen.

Mexikanisches

45 **Baja Miguel's** $$, 9777 S. Las Vegas Blvd., im South Point Casino, 11 bis mind. 22 Uhr. Preiswertes mexikanisches Lokal mit Mittagsmenüs inklusive Frozen Margarita, außerdem Enchiladas, Flautas, Tacos oder Chili Relleno mit Reis und Bohnen.

46 [A20] **Border Grill** $$-$$$, 3950 S. Las Vegas Blvd., im Mandalay Bay, Tel. 702 6327403, So.–Do. 11–22, Fr./Sa. bis 23 Uhr. Mary Sue Miliken und Susan Feniger variieren in ihrer „Cantina" (die erste befindet sich im kalifornischen Santa Monica) auf geniale Weise mexikanische Standardgerichte.

47 [D3] **La Comida** $$$, 100 Sixth St., Tel. 702 4639900, Mo.–Do. 11.30–mind. 22.30 Uhr. Mexikanisches Lokal der Extraklasse in Downtown Las Vegas. Authentisch mexikanische Kost und dazu eine große Margarita-Auswahl.

48 [C5] **Mundo** $$$-$$$$, 1017 S 1st St., Tel. 702 2704400, tgl. 11–22, So. bis

Kreative Weltküche, hier Salmon Poke, im SUGARCANE (s. links)

078lv Abb.: mb

15 Uhr. Hochburg der lateinamerikanischen Küche mit Gerichten wie Chicken Quesadilla, Ahi Tuna Tostada oder Queso Flameado. Eher schick und nicht ganz preiswert.

Amerikanisches

49 [B16] **BurGR** $$$, 3667 S. Las Vegas Blvd., So.-Do. 11-24, Fr./Sa. bis 2 Uhr. Im Planet Hollywood Hotel konzentriert sich der britische Spitzenkoch Gordon Ramsay auf feine Burger aller Art.

50 [ci] **Culinary Dropout,** 4455 Paradise Rd., im Hard Rock Hotel & Casino, Mo.-Do., So. 11-23, Fr./Sa. bis 24 Uhr, Sa./So. 10-15 Uhr Brunch. Leckere Snacks wie Cuban Sandwich (mit Schweinebauch), Pub Burger, Huhn oder Hackbraten.

51 [D3] **eat,** 707 Carson St./7th St., Mo.-Fr. 8-15, Sa./So. bis 14 Uhr. Kreatives Restaurant am Downtown Container Park von Natalie Young. Bekannt fürs Frühstück, aber auch Salate, Sandwiches und Vegetarisches. WLAN.

52 [A15] **Gordon Ramsay Pub & Grill** $$$, 3570 S. Las Vegas Blvd., Tel. 1 866 7335827, So.-Do. 11-23, Fr./Sa. bis 24 Uhr. Erschwingliche Klassiker des TV-Kochs im Caesars Palace. Mit großer

EXTRATIPP

Lecker vegetarisch

53 **Sunrise Coffee,** 3130 E. Sunset Rd. Mo.-Fr. 6-20, Sa. 7-20, So. 7-18 Uhr. Café, in dem es neben ausgezeichneten Bio-/Fairtrade-Kaffees und -Tees vegetarische Gerichte wie Alien Burrito, Nom-nom Burrito oder Nofurky gibt.

54 [D3] **VegeNation** $-$$, 616 E. Carson Ave. (Fremont District), tgl. 8-21 Uhr, Fr/Sa. bis 22, So. Brunch 8-15 Uhr. „Grünes", umweltfreundliches Biorestaurant, in dem lokale Lebensmittel und lokale Produkte (wie Bier) verwendet bzw. serviert werden. „Global Street Food", 100 % auf pflanzlicher Basis.

55 [ah] **Veggie Delight,** 3504 Wynn Rd., tgl. 11-22 Uhr. Der Name ist Programm, dazu ist das Lokal preiswert. Wer hier isst, hat auch gleich das nicht allzu große Chinatown gesehen.

Casino-Buffets und Brunch

› **Border Brunch at Border Grill** (s. S. 63), Sa./So. 10-15 Uhr, für $ 39 kann man sich an Tacos, Quesadillas oder Empanadas satt essen; auch Pancakes oder Steaks.

› **Buffet at the Wynn,** im Wynn & Encore 3. Das wohl beste Buffet der Stadt, nicht billig, aber hohe Qualität und bunte Vielfalt.

› **Buffet at T.I.,** im Treasure Island 4. Amerikanisches, BBQ, Italienisches und Asiatisches zum Frühstück, Lunch und Dinner. An Wochenenden Champagner Brunch und Weekend Seafood Dinner. Dinner werktags $ 31.

56 [B3] **Main Street Station,** 200 N. Main St., Downtown. Im Garden Court Buffet gibt es Frühstück für $ 8, Lunch für $ 9 und Dinner ab $ 12. Am Strip sind dagegen in Buffet-Restaurants für Frühstück ab $ 15, für Lunch ab $ 20 und für Dinner ab $ 27 zu rechnen. Infos und Tipps: www.vegas-online.de/buffets.

57 [B15] **Sterling Brunch at Bally's Steakhouse,** 3645 Las Vegas Boulevard S., im Bally's Las Vegas, So. 9.30-13.30 Uhr, Tel. 877 3464642. Brunch mit Champagner, Kaviar, Austern, Hummer u. a. Delikatessen.

› **The Buffet at the Bellagio,** im Bellagio 13. Frühstück, Lunch, Dinner und Fr./Sa. Gourmet Dinner mit Kaviar für $ 44 sowie Weekend Brunch mit Champagner. Riesenauswahl und frische Zubereitung an Kochstationen.

Bar und über 40 verschiedenen Biersorten aus aller Welt, dazu Patio auf Casino-Ebene.

58 **John Mull's Meat and Road Kill Grill** $$, 3730 Thom Blvd., Mo.–Sa. 11–18 Uhr (Lokal), 9–18 (Shop). Laden und Restaurant, in dem es hervorragendes BBQ bzw. Fleisch für den eigenen Grill gibt (www.johnmullsmeats.com).

59 [D3] **Kitchen at Atomic** $$, 927 Fremont St., Tel. 702 872300, Mi.–So. zum Dinner ab 17 Uhr geöffnet. Neue Schwester der ältesten freistehenden Bar in Las Vegas, Atomic Liquors (s. S. 69), mit kreativer amerikanischer Küche und Cocktails in gemütlichem Ambiente.

60 [A19] **Libertine Social** $$-$$$, 3950 S. Las Vegas Blvd., im Mandalay Bay, nur abends geöffnet. Chefkoch Shawn McClain setzt auf Geselligkeit und bietet schwerpunktmäßig Gerichte, die man gut teilen kann und für den ganzen Tisch bestellt, z. B. Hummus, Flatbread, Pizza, Käseplatte oder *Pretzels*. Tolle Cocktails.

61 [D5] **Rick's Rollin Smoke Barbeque & Tavern** $$, 725 S. Las Vegas Blvd., http://rrsbbq.com. Vom Star der TV-Serie „Pawn Stars" (s. S. 75), Rick Harrison, betriebenes Lokal mit dem angeblich besten BBQ jenseits von Texas, dazu Cocktails und Fassbiere.

Imbiss

62 **Bachi Burger,** 9410 W. Sahara Ave., Summerlin, tgl. mind. 12–23 Uhr. Alles andere als gewöhnliches Fastfood: japanischer Hamburger-Imbiss, in dem man Wert auf regionale Bio-Produkte legt. Gratis-WLAN.

63 [B17] **Bobby's Burger Palace,** 3750 S. Las Vegas Blvd. Im CityCenter gibt es Burger der Luxusklasse, u. a. auch einen Veggieburger.

› **Downtown Container Park** (s. S. 76), Imbisse, Lokale und Bars wie Big Ern's BBQ, Jinju Chocolates, Pinches Tacos, die Bin 702 Wine Bar oder die Oak & Ivy Cocktail Bar

› **Fatburger** (s. S. 62)

› **Grand Bazaar Shops** (s. S. 77), Imbissstände von u. a. Starbucks, Blue Ribbon Fried Chicken, Dirt Dog, Giordano's, Ramen-Ya oder Wahlburgers, auch Bars

64 [ah] **Naked City Pizza Shop,** 3240 Arville St., tgl. 11–3 Uhr. Teil der Moon Doggie's Bar, hier gibt es angeblich die beste Pizza der Stadt, dazu andere Spezialitäten wie die legendären „Suicide Fries" oder Pies wie „Guinea's Pie".

65 **Steak 'n Shake,** 9777 S. Las Vegas Blvd., So.–Do. 11–24, Fr./Sa. bis 1 Uhr. Steak-Burger und große Auswahl an Milchshakes, v. a. aber bekannt wegen der $ 4-Menüs.

› **Triple 7 Brewpub** (s. S. 71)

Cafés/Frühstück

Straßencafés, wie man sie sonst in Großstädten findet, gibt es in Las Vegas kaum. Cafés sind ebenfalls Teil der Casino-Hotel-Komplexe und gehören meist zu bekannten Ketten.

66 **Coronado Café,** 9777 S. Las Vegas Blvd., im South Point Casino, 24 Std. geöffnet. Ausgezeichnete Backwaren, dazu tgl. wechselnde, preiswerte Lunch Specials. WLAN.

› **eat** (s. S. 64), WLAN

67 **Freed's Bakery,** 9815 S Eastern Ave., Mo.–Sa. 8–20, So. 9–18 Uhr. Seit 1959 existierende Konditorei im Südosten der Stadt mit kreativen Torten, Kuchen u. a. Gebäck wie Pies, Cupcakes, Cookies oder speziell dekorierten Vegas Cakes.

68 [A16] **The Roasted Bean (1),** 3730 S. Las Vegas Blvd. im Hotel Aria, WLAN, sowie

69 [A14] **The Roasted Bean (2),** 3400 S. Las Vegas Blvd. im Mirage. Guter Kaffee und französische Backwaren. WLAN.

016lv Abb.: mb

Las Vegas am Abend

Stars und „Sternchen", berühmte und weniger bekannte Musiker, Zirkusmenschen und Weltklasseboxer geben sich in Las Vegas ein Stelldichein. Fast unüberschaubar ist das tägliche Angebot an Shows, Konzerten und anderer Unterhaltung im „Entertainment Capital of the World". Dazu kommt ein Riesenangebot an Bars und Nachtklubs.

Tickets für große Veranstaltungen und Konzerte sind häufig früh ausverkauft und dazu nicht eben billig. Ist man flexibel, kann man last minute vor Ort bei **Tix4Tonight** an günstige Showtickets kommen (s. rechts). Auch an Hotelrezeptionen bzw. am Eingang zu Casinos werden Flyer für Veranstaltungen verteilt, die häufig mit Rabatten verknüpft sind.

◸ *Was wäre ein Las-Vegas-Besuch ohne eine Show?*

Casino-Entertainment und Shows

Abgesehen von spektakulären **Einzelauftritten** finden die meisten Shows und Konzerte in Las Vegas regelmäßig **über eine längere Periode** statt, über eine Saison oder manchmal sogar über Jahre. In den letzten Jahren hat sich die Laufzeit von Shows aber insgesamt verringert und **Cirque-du-Soleil-Shows** haben sich zum Publikumsmagneten entwickelt. Daneben treten **große Stars** wie Céline Dion, Britney Spears, Mariah Carey, die Backstreet Boys oder Elton John abwechselnd in den Casinos auf. Große Einzelkonzerte finden auch in der T-Mobile Arena (s. S. 28) statt. Beliebt sind zudem **Zauber-**, **Hypnose-**, **Comedy-** und **„Adult Shows"**, wohingegen Varieté und Musical etwas in den Hintergrund getreten sind.

Es gibt in den meisten Casino-Komplexen jeweils mehrere Theater, die **unterschiedliche Programme** zu verschiedenen Zeiten bieten. Die **Ti-**

cketpreise beginnen bei etwa $ 60, bei Tix4Tonight gibt es tagesaktuelle Schnäppchen. Nachfolgend sind einige (voraussichtlich) langlebige Shows aufgelistet. Weitere Informationen gibt es auf den Websites der Casinos bzw. in den Stadtmagazinen (s. S. 109).

› **Absinthe** ist eine witzige und wilde Varieté-Zirkus-Comedy-Show, bei der die Zuschauer im Spiegelworld-Zelt ganz nah am Geschehen sitzen (Caesar's Palace 11).
› **Blue Man Group,** die berühmte Showtruppe in Blau, tritt im **Luxor** 22 auf (www.blueman.com).
› **Carrot Top** (www.carrottop.com) ist ein in den USA bekannter Comedian, benannt nach seinen roten Haaren. Er tritt im **Luxor** 22 auf.
› Der **Cirque du Soleil** bietet derzeit sieben Shows allein in Las Vegas (www.cirquedusoleil.com, s. S. 68).
› **Divas,** eine ungewöhnliche „Drag Queen Show" mit Frank Marino (www.frankmarino.com), findet im **The LINQ** 8 statt.
› **MJ Live Tribute Concert** für Michael Jackson im **Stratosphere Tower** 1.
› **Legends in Concert,** im **Flamingo** 10 lässt man berühmte Stars – verstorbene wie Michael Jackson, Elvis Presley oder Johnny Cash – wiederaufleben und imitiert noch lebende Stars auf der Bühne (www.legendsinconcert.com).
› **Menopause The Musical** unterhält im Harrah's 7 mit viel Parodie, Tanz und Musik das Publikum.
› Gleich mehrere Shows finden auf verschiedenen Bühnen im **Planet Hollywood** 16 statt, z. B. treten Britney Spears, Jennifer Lopez und Lionel Richie wechselweise auf und gibt es eine Backstreet-Boys-Show (www.planethollywoodresort.com/shows.html).
› **Terry Fator,** der legendäre Comedian, Stimmenimitator und Bauchredner, tritt im **Mirage** 6 auf (www.mirage.com/en/entertainment/terry-fator.html).

EXTRAINFO

Tickets

› **TIX4TONIGHT** bietet „Half Price Show Tickets" an mehreren Kiosks entlang dem Las Vegas Blvd., z. B. zwischen Mirage 6 und Treasure Island 4 oder am CityCenter 15. Ebenfalls angeboten werden Discounts für Buffets und Restaurantessen. Die Angebote werden um 9.30 Uhr bei den Verkaufsstellen bekannt gegeben. Ticketverkauf ist von 10 bis 20 Uhr, Tel. 1 877 8494868 oder 702 2124696, www.tix4tonight.com.
› Showtickets können online bei **www.vegas.com/shows** oder unter Tel. 1 866 9834279 erworben werden.
› Hinweise auf Shows und Tickets gibt es auch auf **www.vegas-online.de/shows**

› **Thunder from Down Under:** Die leicht bekleideten „Supermänner" aus Australien können im **Excalibur** 21 bewundert werden (www.thunderfromdownunder.com).
› Die mittelalterliche Rittershow **Tournament of Kings** ist Unterhaltung mit Abendessen im **Excalibur** 21 (www.excalibur.com/en/entertainment/tournament-of-kings.html).

Sonstige Bühnen/Theater

› **Dive In Movie,** Open-Air-Kino mit Filmklassikern, aber auch Blockbustern im Boulevard Pool des Cosmopolitan of Las Vegas 14

70 [ah] **Las Vegas Little Theater,** 3920 Schiff Dr., www.lvlt.org. Kleines Amateurtheater, das 1978 von Jack Bell und Jack Nicholson gegründet wurde und für ungewöhnliche Aufführungen bekannt ist.

Cirque du Soleil

Die Wurzeln des Cirque du Soleil liegen in Kanada. In Baie-Saint-Paul, nahe Québec City, gab es ein beliebtes Straßentheater mit Stelzenläufern namens „Les Echassiers de Baie-Saint-Paul". 1979 hatte sich der Künstler und Musiker Guy Laliberté dieser Gruppe angeschlossen und 1983, als die 450-Jahr-Feier von Québec anstand, war er es, der das Begleitprogramm organisieren sollte. Zu diesem Zweck gründete er 1984 mit Daniel Gauthier aus der Straßentruppe den Cirque du Soleil, der zunächst als Zelttheater nur in Kanada auftrat, ab 1987 dann auch in den USA.

Seit 2000 ist Laliberté Alleinbesitzer dieses „Zirkus ohne Manege und Tiere". Er zählt zu den reichsten Personen weltweit, wobei er einen Teil seines Geldes auch mit Poker machte. 2009, zu seinem 50. Geburtstag, reiste er an Bord der Sojus TM-14 ins Weltall.

Im Laufe der Zeit entstanden mehrere einzelne Zirkustruppen, die auf Tournee gehen. Heute zählt die Organisation 4000 Angestellte weltweit, davon über 1300 Artisten aus mehr als 50 Nationen. Zu den Shows pilgerten seit 1984 über 155 Mio. Besucher. Derzeit laufen 21 Shows weltweit, davon sieben in Las Vegas.

› ***Infos zu allen Shows und Tickets:*** *www.cirquedusoleil.com*

Nachfolgend eine kurze Vorstellung der zurzeit (2018) laufenden Shows in Las Vegas:

› ***Mystère*** *(Treasure Island 4) war die erste permanente Show (1993). Viel Akrobatik, u. a. an vertikalen Stangen („chinese poles") und mit Bungee Girls. 75 Künstler begeben sich auf eine Reise durchs Universum.*

› ***O*** *(Bellagio), Wassershow mit Tauchern und Synchronschwimmern in einem Riesenpool. Seit 1998 gezeigte Traumreise mit russischer Schaukel, Zebras, Clowns und fantastischen Charakteren wie den „Comets".*

› ***Zumanity*** *(New York-New York 18) ist ein Burlesken-Kabarett für Erwachsene. Es geht um menschliche Sexualität und Intimität. Seit 2003, mit „Mistress of Sensuality", viel Striptease, Tänzen und Erotik. Die Kostüme stammen von Thierry Mugler.*

› ***KA*** *(MGM Grand 19), eine schicksalshafte Reise von Zwillingen zwischen Gut und Böse, mit Schlachten und Angriffen, Magie, Kampfkunst und Action auf einer 360° rotierenden Bühne. Seit 2005 im Programm.*

› ***The Beatles LOVE*** *(seit 2006, Mirage 6), entstanden durch den Kontakt von George Harrison mit Gründer Guy Laliberté. Huldigung an Beatlemania, Rock & Roll, Revolution und Love.*

› ***Criss Angel Mindfreak Live!*** *(Luxor 22), Zaubershow mit Criss Angel, dem „Magician of the Century". Harry-Houdini-Kunststücke und Zirkus-Acts (seit 2008).*

› ***Michael Jackson ONE*** *(Mandalay Bay 23). Akrobatik, Tanz und Songs von Michael Jackson, dazu gibt es Lichteffekte, Glitzer und Glamour.*

71 [B17] **MGM Grand Garden Arena,** www.mgmgrand.com/en/entertainment/grand-garden-arena.html. Wird für Liveevents, v. a. große Konzerte, genutzt.

72 [di] **Performing Arts Center – UNLV,** 4505 Maryland Pkwy., www.unlv.edu/pac. Konzerthalle und Theater auf dem Campus der Uni.

26 [B4] **Smith Center for the Performing Arts.** Neue Konzerthalle der Stadt mit drei Bühnen in zwei Bauten. Klassik und Jazz sowie Shows. Stammhaus des Las Vegas Philharmonic Orchestra und des Nevada Ballet Theatre.

73 [B15] **The Colosseum at Caesars Palace,** www.thecolosseum.com/events. Große Liveacts aller Art.

› **Thomas & Mack Center** (s. S. 117). Sport- und Veranstaltungshalle auf dem Campus der UNLV.

Bars, Pubs und Klubs

Das Nachtleben von Las Vegas genießt amerikaweit einen guten Ruf. Jeder Casino-Komplex verfügt über eine breite Palette an Pubs und Bars, Klubs und Lounges.

Angesagt sind vor allem **elegante, ausgefallene Klubs** wie Pure oder Intrigue mit **DJs und Cocktailbars.** Man kleidet sich schick, das Ambiente erregt Staunen, die Tanzflächen sind riesig, die Musik vibrierend und die Bars exzellent sortiert.

Livemusik im „klassischen Stil" (z. B. Jazz, Blues, Country o. Ä.) spielt hingegen in Vegas kaum eine Rolle. Eine Ausnahme bildet das **House of Blues.**

74 [A19] **House of Blues Restaurant & Bar,** 3950 S. Las Vegas Blvd., www.houseofblues.com/venues/clubvenues/lasvegas. Eine Filiale der legendären Blueskneipe im Mandalay Bay Resort 23 mit Restaurant und Livemusik.

Smoker's Guide

Rauchen bzw. das Verbot des Rauchens ist, anders als im Rest der USA, in Las Vegas kein großes Thema. In der Mehrzahl der **Casinos** darf geraucht werden und es gibt noch genügend **Hotels** mit Raucherzimmern. Allgemein ist auf **öffentlichen Plätzen** und in **öffentlichen Gebäuden,** in **Nahverkehrsmitteln** und der Mehrzahl von **Restaurants** (auch jenen in Casinos!) das Rauchen jedoch verboten. In **Bars** und **Klubs,** die kein frisch zubereitetes Essen servieren, darf geraucht werden.

› **Casa Fuente,** Forum Shops at Caesars (s. S. 77). Cigar-Bar mit großer Getränkekarte.

78 [bi] **Cigarbox,** 4046 Dean Martin Dr., tgl. 10-20 Uhr, Humidor und Bar.

79 [B1] **Las Vegas Paiute Tribal Smoke Shop,** 1225 N. Main St., Mo.–Sa. 7–19, So. 8–17.30 Uhr. Laden mit riesiger Auswahl an Rauchwaren.

Bars

75 [D3] **Atomic Liquors,** 917 Fremont St., www.atomicvegas.com. Eine der ältesten Bars der Stadt, benannt nach den „Atomic Cocktails", die man 1952 während der Atomtests in der nahen Wüste ausschenkte. Große Cocktail- und Bierauswahl. Daneben: Kitchen at Atomic.

76 [D3] **Commonwealth,** 525 Fremont St. Im Fremont East Entertainment District gelegene, ungewöhnliche Cocktailbar, ausgestattet im Stil der 1920er-Jahre, mit einem riesigen Pfau als Symbol, dazu Rooftop-Bar mit Ausblick.

77 [D3] **Downtown Cocktail Room,** 111 Las Vegas Blvd. S (Fremont East), Mo.–Fr. 16–2, Sa. 19–2 Uhr, Happy Hour Mo.–Fr. 16–19 Uhr. „DCR" lädt in altehrwürdig-altmodischem, gemütlichem Ambiente zu Cocktails oder Bier (große Auswahl) ein.

EXTRATIPPS

Drinks (und Snacks) mit Ausblick

89 [B19] **Foundation Room,** 3950 S. Las Vegas Blvd. Exklusive Lounge hoch oben im Mandala Bay mit grandiosem Ausblick, eigentlich nur für Gäste, doch „nightly membership" ($ 30) erhältlich.

90 [C8] **Level 107 Lounge,** 2000 S. Las Vegas Blvd. Hoch oben auf dem Stratosphere Tower, bekannt für Drinks und Appetizer. Tipp: 16–19 Uhr ist Happy Hour!

91 [ai] **The View,** 4321 W. Flamingo Rd., im Palms Casino Hotel, Di./Do.–Sa. ab 20 Uhr, nach 22.30 Uhr Eintrittsgebühr. Vom ehemaligen „Playboy Club" aus hat man einen spektakulären Ausblick Richtung Strip.

› **Party mit Ausblick:** Im Intrigue (s. S. 72) oder in der Voodoo Lounge im Rio (s. S. 125) gibt es nicht nur Partystimmung, sondern auch Ausblick.

Happy Hour

Kneipen, Bars und Nightclubs sind zu später Stunde überfüllt – besonders die angesagten. Wer nicht zu den Nachteulen gehört, kann während der **Happy Hour** (v. a. an Werktagen zu bestimmten Zeiten) seinen Drink oft günstiger bekommen. Regulär muss pro Cocktail um die $ 15 hingeblättert werden. Eine gute **Übersicht** über Bars/Lokale mit Happy Hour bietet:

› https://vegas.eater.com/maps/best-happy-hours-las-vegas-restaurants-bars

› **Grand Bazaar Shops** (s. S. 77) mit Sin City Brewery und Bars wie Redneck Riviera, Island Time Floats Tiki Bar, BAR (Born and Raised) oder Fuel Bar.

80 [ai] **i-Bar,** 3700 W. Flamingo Rd. Interaktive Bar im Rio Hotel mit kleinen Monitoren am Tisch und Video-DJs, tgl. ab 14 Uhr.

› **La Comida** (s. S. 63). Grandiose Auswahl an Margaritas.

81 [B15] **Napoleon's Lounge,** 3655 S. Las Vegas Blvd. Champagner-Bar im Paris Las Vegas. Tgl. ab 21.15 Uhr Pianomusik, dazu Sing-alongs (Lieder zum Mitsingen) und Songs aus den 1950er-Jahren, auch Stand-up Comedy.

82 [B14] **The Dorsey,** 3355 S. Las Vegas Blvd., im Venetian, tgl. 15–4 Uhr. Cocktailbar mit komfortabler Atmosphäre und innovativen Kreationen von Barkeeper Sam Ross aus New York.

83 [D3] **Vanguard,** 516 Fremont St. Angesagte Bar im Fremont East Entertainment District mit vielerlei exotischen Cocktails und einem Hauch von L.A.

84 [A16] **Vesper Bar,** 3708 S. Las Vegas Blvd. Im Cosmopolitan Hotel. Mischung aus Alt und Neu, sowohl was das Ambiente der Vintage-Bar angeht als auch im Hinblick auf die Cocktailrezepte.

85 [A16] **VICE VERSA Patio & Lounge at Vdara** 2600 W. Harmon Ave. Bar in der Hotellobby mit Plätzen im klimatisierten Inneren sowie im Freien. Cooles Ambiente, tolle Cocktailauswahl.

Pubs und Kneipen

86 [df] **Bunkhouse Saloon,** 124 S. 11th St., www.bunkhousedowntown.com. Western Bar mit großer Getränkeauswahl und leckerem Essen, außer bekannten Musikern treten auch angesagte Newcomer auf. Gemütlicher Außenbereich.

87 [C7] **Dino's Lounge,** 1516 S. Las Vegas Blvd. Seit 1962 betriebene Nachbarschaftskneipe. Außen eher unscheinbar, ist sie längst zur Legende geworden. Gut sortierte Bar, am Wochenende Karaoke.

Der Triple 7 Brewpub (s. S. 71) in Downtown ist vor allem zur Happy Hour gut besucht

› **Hofbräuhaus Las Vegas** (s. S. 63)

88 [C5] **Mingo Kitchen & Lounge,** 1017 S. First St. Ungewöhnliches Lokal im Bistrostil mit hipper Lounge und Patio. Kreative Küche, z. B. Steak Salad, Fish and Chips etc., dazu tolle Drinks – idealer Stopp vor dem eigentlichen Clubbing.

92 [B17] **Pour 24,** 3790 S. Las Vegas Blvd. Lokal im New York-New York, in dem Biere von 24 kleinen US-Brauereien ausgeschenkt werden.

93 [B14] **Public House,** 3355 S. Las Vegas Blvd., im Venetian. Riesige Bierauswahl (auch deutsche Biere) und dazu handfeste Gerichte. Filiale im Luxor 22.

94 [B16] **Sin City Brewing Co.,** 3717 S. Las Vegas Blvd. (Harmon Corner). Microbrewery, die süffige Biere ausschenkt. Filialen u. a. im Planet Hollywood 16 und im Venetian 5.

95 [B3] **Triple 7 Brewpub,** 200 N. Main St., in der Main Street Station in Downtown. Hausbrauerei und großes Lokal. Schmackhafte Gerichte wie Pizza, Sandwiches, Burger, aber auch Steaks, Huhn oder Fisch, dazu trinkt man das vor Ort gebraute Bier. Besonders günstig während der Happy Hour (Mo.–Fr. 15–18 und 23–3 Uhr)!

Klubs

Die meisten Klubs verlangen Eintritt **(cover fee)**, meist zwischen $ 20 und $ 50 an Werktagen, an Wochenenden oft erheblich mehr. In der Regel ist der Eintritt für Frauen günstiger. Es werden nur Personen **über 21 Jahren** (Ausweiskontrolle) eingelassen, wobei Türsteher oft nach seltsamen Regeln Warteschlangen erzeugen und wieder auflösen. Für konkrete Konzerte/Veranstaltungen müssen vorher Tickets (oder Wristbands) erworben werden, v. a. wenn bekannte DJs oder Künstler auftreten. Zudem sind viele Klubs nur Mi. oder Do. bis Sa. oder So. ab etwa 22 Uhr bis 4 Uhr morgens geöffnet.

96 [D3] **Beauty Bar,** 517 Fremont St., http://beautybarlv.com. Kuriose Einrichtung im Look der 1950er-Jahre. Tagsüber Schönheitssalon, 21–4 Uhr dann Klubbetrieb. Partys, spezialisiert auf Funk und Soul.

97 [bk] **Blue Martini,** 6593 S. Las Vegas Blvd., Town Square, www.bluemartini lounge.com. Beliebte Cocktail-Lounge mit tgl. Happy Hour 16–19 Uhr. Livemusik, DJs und Openair-Bar.

› **Drai's Beachclub & Nightclub,** https://draisgroup.com/las-vegas. Auf

017lv Abb.: mb

EXTRAINFO

Wer die Wahl hat ...

Infos zum Nightlife von Las Vegas mit vielen Tipps zum Ausgehen finden sich z. B. auf folgenden Websites:

- www.vegas.com/nightlife/bars
- www.lasvegas-how-to.com/lasvegas-nightlife.php

dem Dach des Hotels The Cromwell (s. S. 127) finden einzigartige Poolpartys statt, im Nachtklub treten Acts auf.

98 [B17] **Hakkasan,** 3799 S. Las Vegas Blvd., http://hakkasanlv.com, im MGM Grand. Restaurant (kantonesische Küche) und angesagter Nightclub in einem, auf fünf Ebenen mit großem Dancefloor. „Mixology" an der Bar (Cocktails) und Auftritte großer Stars aus der Electronic-Musikszene.

99 [A15] **Hyde,** 3600 S. Las Vegas Blvd., www.sbe.com/nightlife/locations/hyde-bellagio. Schicker Klub mit Bar im Bellagio, beliebt bei jüngerem Publikum. Livemusik und DJs (Tickets ab ca. $ 20).

100 [C13] **Intrigue Nightclub,** 3131 S. Las Vegas Blvd., http://intriguevegas.com, Do.–Sa. 10.30–4 Uhr. Im Wynn Las Vegas befindet sich ein geschmackvoller Klub mit langer Bar. Ringsum gibt es eine Gartenanlage mit Wasserfall und Lagune. Innen in Rot und Schwarz gehalten mit Spiegeln, Dancefloor und bekannten DJs. V. a. House und Electronic Music. $ 20/30 Eintritt.

101 [A16] **JEWEL Nightclub,** 3730 S. Las Vegas Blvd., www.aria.com/en/nightlife/jewel-nightclub.html, Mo./Fr./Sa 22–4 Uhr. Futuristisches Ambiente mit Dancefloor und LED-Spielereien mit Licht und Farben. Verschiedene Events und DJs (House, Top 40, EDM).

102 [A19] **LIGHT Nightclub,** 3950 S. Las Vegas Blvd., http://thelightvegas.com. Spektakulärer Klub im Mandalay Bay Hotel, initiiert vom Cirque du Soleil. Ungewöhnliches Erlebnis mit DJs und Künstlern, spezielle Sound-, Licht- und andere Spezialeffekte, nächtlich wechselndes Programm.

103 [B15] **Omnia Nightclub,** 3570 S. Las Vegas Blvd., http://omniaclubs.com/las-vegas, im Caesars Palace, Do.–So. und Di. 22–4 Uhr, $ 40 Eintritt. Top-DJs, vor allem House, Hip-Hop und Rock.

104 [B11] **Sapphire Gentlemen's Club,** 3025 Sammy Davis Jr. Dr., www.sapphirelasvegas.com. Nahe dem Mirage befindet sich der „World's largest Gentlemen's Club", der wohl berühmteste Stripklub der Stadt mit Erotikshows und angesagter Bar. Ein Pool und ein „Day Club" gehören ebenfalls dazu.

105 [A12] **Spearmint Rhino,** 3340 S. Highland Dr., www.spearmintrhinolv.

022lv Abb.: wr

com. Ebenfalls ein großer „Gentlemen's Club" abseits von Strip und Downtown mit gutem Essen und Happy Hour.

106 [B14] **TAO Nightclub,** 3377 S. Las Vegas Blvd., http://taolasvegas.com, Do.–Sa. Asian Bistro und schicker Klub im Venetian. Hier kann man Stars treffen und die 1980iger-Jahre-Partys sind beliebt. Die Terrasse (mit Blick über den Strip) ist ein Anziehungspunkt.

107 [A15] **The Bank,** 3600 S. Las Vegas Blvd., im Bellagio, http://thebanklasvegas.com, Do.–So. 22.30–4 Uhr geöffnet. Mischung aus schicker Bar und Disco mit großem Dance Floor und DJs.

108 [C12] **XS Nightclub,** 3131 S. Las Vegas Blvd., www.wynnlasvegas.com/Nightlife/XS, Fr./Sa. ab 22.30 Uhr, $ 40 Eintritt. Ein weiterer Top-End-Club im noblen Encore, ungewöhnliche Gestaltung mit viel Gold und Pool. Drei Teile, u. a. Encore Beach Club. DJs legen Electronic-Dance, Hip-Hop und Rock auf. „Dress to impress".

Party at the Pool

Day Clubs und **Poollandschaften mit Bars** sind ein Renner, dazu wurden oft Teile der Poollandschaften der Casino-Hotels abgetrennt. Tagsüber fungieren viele als Day Clubs, abends bzw. an Wochenenden werden sie zu einem Teil der Nightclubs. Gegen Gebühr – ca. $ 20 (Frauen), $ 30–50 (Männer), Hotelgäste haben meist freien Eintritt – werden Besucher ab 21 Jahren eingelassen. Es gibt einen Barservice (oft bis hinein ins Schwimmbecken) und DJs oder Bands heizen die Partystimmung an. Außerdem gibt es **spezielle Pools,** an denen teilweise „Oben-ohne" erlaubt ist, mit Cabanas (abgetrennten Privatbereichen), Liegen und Wellnessangebot. Viele Beach/Day Clubs öffnen nur Fr. bis So. und sind von Frühjahr bis Herbst in Betrieb.

› **Infos:** www.lasvegasweekly.com/clubs/pools

109 [B13] **Azure,** 3325 S. Las Vegas Blvd. Poolbar im Palazzo mit Partystimmung – dank DJs – und Chill-out-Zone an einem der Côte d'Azur nachgebildeten Strandpool. Luxuriös mit Cabanas und Wolfgang-Puck-Essensservice, dazu exotische Drinks.

110 [A14] **Bare Pool Lounge,** 3400 S. Las Vegas Blvd., nur Fr./Sa. geöffnet. Hinter dem „normalen", üppigen Poolbereich im Mirage gelegene *Adult Pool Lounge* (Oben-ohne).

111 [A16] **Bellagio Pool/Cypress Lounges,** 3600 S. Las Vegas Blvd. Intime, üppig begrünte Garten-Poolanlage im Bellagio mit 60 Luxusliegen und vier Daybeds, dazu persönlicher Service.

112 [B20] **Daylight Beach Club,** 3950 S. Las Vegas Blvd. Dieser Partyklub im Mandalay Bay kann bis zu 5000 Gäste aufnehmen. Mit Bühne, DJs, Palmen, Sonnenschirmen und Beach-Sport.

113 [C12] **Encore Beach Club,** 3131 S. Las Vegas Blvd., http://encorebeachclub.com. Day Club, Teil davon ist der Encore European Pool, ein luxuriöser Pool mit Partystimmung nur für Erwachsene (Oben-ohne).

114 [A15] **Garden of the Gods Pool Oasis,** 3570 S. Las Vegas Blvd. Abseits des normalen Poolbereichs gelegene Anlage mit acht Becken im Caesars Palace, Oben-ohne zu baden erlaubt.

115 [A16] **Liquid Pool Lounge,** 3730 S. Las Vegas Blvd. Mitten im anscheinend nur aus modernen Hochhäusern bestehenden CityCenter versteckt sich im Aria Hotel ein traumhafter Poolbereich mit zwei Becken und cooler Lounge. VIP-Service, DJs, Restaurant am Pool u. a.

Sehr edel, teuer und ungewöhnlich sind Klubs wie das Tryst im Wynn 3

116 [B16] **Marquee Dayclub,** 3708 S. Las Vegas Blvd. Pools im 17. Stock des Cosmopolitan Hotel. Daybeds, Cabanas, Party Deck und persönlicher Service.

117 [B20] **Moorea Beach Club,** 3950 S. Las Vegas Blvd. Versteckter Teil des ausgedehnten Poolbereichs im Mandalay Bay Hotel, „gehoben", für Erwachsene, mit Beachside Casino und Moorea Villas (Cabanas). Dank Wellenpool, Jogging-Laufbahn etc. auch für Freizeitsportler.

118 [ai] **Palms Pool & Dayclub,** 4321 W. Flamingo Rd., im Palms Casino Hotel. Wasserfall und Poollandschaft mit drei Bars, ab mittags DJs, Gratis-Bacardi (12–13 Uhr) sowie freier Eintritt mit Schwimmflügeln(!).

119 [ci] **Rehab,** 4455 Paradise Rd. Der Poolklub im Hard Rock Hotel gilt als das „Original" und in dem einst eher intimen Klub geht an Wochenenden eine bei jungen Besuchern beliebte Poolparty ab.

120 [B14] **TAO Beach,** 3355 S. Las Vegas Blvd. Asiatisch angehauchter Beach Club, der zum TAO Nightclub gehört. Großzügige Poollandschaft im Venetian mit Bar und Pool Partys.

121 [C3] **The Pools at Golden Nugget,** 129 E. Fremont St. Der öffentliche Bereich „The Tank" verfügt über eine Wasserrutsche, die durch das Aquarium mit Haien u. a. Fischen führt. Im OG befindet sich „The Hideout", ein Pool für Erwachsene mit der H20 Bar.

122 [B18] **Tropicana Pool,** 3801 S. Las Vegas Blvd. Poollandschaft mit Wasserfällen und Lagunen, Cabanas und Konzertbühne. Man kann im Pool Blackjack spielen.

123 [bi] **VooDoo Beach,** 3700 W. Flamingo Rd. VooDoo Beach im Rio Hotel ist eine sehenswerte Poolanlage mit Palmen, Wasserfällen und üppiger Flora; dazu gehört The Voo Poolbar.

124 [C17] **Wet Republic,** 3799 S. Las Vegas Blvd. Angesagte Poolbar im Poolareal des MGM Grand.

Las Vegas für Kauflustige

Shopping ist eine der Hauptbeschäftigungen in Las Vegas. Besucher finden ein breit gefächertes Angebot, das von den typischen Souvenirläden und Outlet Malls über exklusive Einkaufszentren mit Nobelboutiquen bis hin zu angesagten Shoppingmalls für junge Besucher reicht.

Auch beim Einkaufen ist Las Vegas anders: Man flaniert hier nicht durch Stadtviertel oder über berühmte Einkaufsstraßen, sondern durch **Casino-Komplexe.** Die meisten verfügen über eigene, vollklimatisierte Einkaufspassagen, die „Flaniermeilen" nachgestaltet sind. Besonders groß und empfehlenswert sind jene im Bellagio 13, im Paris 12, Wynn 3, Caesars Palace 11 oder die Miracle Mile Shops im Planet Hollywood 16. Was die „Infrastruktur" angeht, unterscheiden sich die Malls nur wenig: Luxusshops, Boutiquen und auch manche Imbissketten sind oft identisch, da man davon ausgeht, dass manche Gäste das Hotel gar nicht verlassen.

Vermehrt gibt es auch zwischen den Hotels **Malls im Freien,** z. B. die **LINQ Promenade** (s. S. 77) oder die **Grand Baazar Shops at Bally's** (s. S. 77). Heute ist in erster Linie exklusives Shopping mit großen Markennamen gefragt und die früheren „Ramschläden" am Strip verschwinden zunehmend.

Darüber hinaus gibt es **unabhängige Einkaufszentren** wie die durch markante Architektur am Strip auffällige Fashion Show Mall, Crystals (CityCenter) oder Town Square. Besonders aber die beiden **Outlet Malls** lassen das Herz eines jeden Schnäppchenjägers höherschlagen.

Outlet Malls

Die beiden Malls bilden die Endpunkte der SDX-Buslinie (s. S. 128) im Norden und Süden und sind damit mit Strip und Downtown verbunden. Wer ohne konkrete Markennamen im Kopf (Liste der Shops im Internet!) nur eine Mall besuchen kann oder möchte, sollte jene im Norden wählen.

125 [B5] **Las Vegas Premium Outlets – North,** 875 S. Grand Central Parkway (I-15, Exit 41B), www.premiumoutlets.com/outlet/las-vegas-north, Mo.–Sa. 10–21, So. 10–20 Uhr, mit Parkhaus, SDX Bus bis „LV Premium Outlets-N". 150 Outlet Stores, darunter Designer wie Dolce & Gabbana, Polo Ralph Lauren, Lacoste, Burberry, aber auch Columbia, GAP, Levi's oder Guess.

Die „Pawn Stars"

Jeder, der das unscheinbare Pfandhaus am Las Vegas Boulevard in Downtown sieht, wundert sich zunächst über Busparkplätze, Einlassabsperrungen und die Mengen an Touristen, die sich in dem relativ kleinen Laden umsehen und dort fotografieren – an die 4000 sollen es täglich sein. In diesem Pfandhaus spielt die hierzulande (noch) wenig bekannte Realityshow „Pawn Stars", die seit 2009 im History Channel ausgestrahlt wird.

Rick „The Spotter" Harrison betreibt den Laden mit seinem Vater („The Old Man"), seinem Sohn „Big Hoss" und dessen altem Schulfreund Austin „Chumlee" Russell. Ähnlich wie bei „Kunst und Krempel" im Bayerischen Fernsehen geht es in den Sendungen um die Analyse und Schätzung von mehr oder weniger wertvollen Objekten aller Art, die ihre Besitzer in bare Münze umsetzen möchten. Das Pfandhaus in einem Bau von 1934 gibt es seit 1988, legendär wurde es jedoch erst durch die TV-Serie.

In direkter Nachbarschaft zum Laden hat Rick Harrison ein Lokal eröffnet: Rick's Rollin Smoke Barbeque & Tavern (s. S. 65) und es gibt eine Art Containerpark, die Pawn Plaza mit kleinen Läden und Lokalen.

126 [D5] **Gold & Silver Pawn Shop,** 713 S. Las Vegas Blvd./Garces St., http://gspawn.com, 9–21 Uhr sowie „Nachtschalter"; VIP-Touren: https://gspawn.com/tours-visits

Die „Pawn Stars"

011lv Abb.: mb

Shoppingareale

Die wichtigsten Shoppingbereiche der Stadt sind im Kartenmaterial mit einer rötlichen Fläche markiert.

127 [bl] **Las Vegas Premium Outlets – South,** 7400 S. Las Vegas Blvd. (I-15, Exit 33), www.premiumoutlets.com/outlet/las-vegas-south, Mo.–Sa. 10–21, So. 10–20 Uhr, SDX Bus bis „LV Premium Outlets-S". Rund 140 Shops (Fabrikverkauf) gibt es in diesem großteils überdachten Komplex im Süden der Stadt, z. B. Adidas, Aeropostale, Calvin Klein, Jockey, Nike, Hilfiger oder Croq. Außerdem finden sich u. a. zwei Food Courts und ein Karussell.

Shoppingmalls

Gelegenheit zum Shopping gibt es in so gut wie allen größeren Hotelkomplexen am Strip, nachfolgend sind die größten bzw. attraktivsten Malls erwähnt. Häufig finden sich die gleichen Luxusmarken in verschiedenen Malls.

128 [A14] **Appian Way Shops,** 3570 S. Las Vegas Blvd., www.caesars.com/caesars-palace/things-to-do/appian-way-shops, So.–Do. 10–23, Fr./Sa. 10–24 Uhr. Neben den Forum Shops das zweite Einkaufszentrum im Caesars Palace mit Jimmy Crystal's, HOME, King Baby u. a. Shops, viel Schmuck und Geschenkartikel. Eine Kopie von Michelangelos David grüßt die Besucher.

129 [D3] **Downtown Container Park,** 707 Fremont St., www.downtowncontainerpark.com, tgl. 11–21 Uhr. „Containerdorf" mit kleinen Läden, das sich um einen zentralen Platz (Konzerte) gruppiert, dazu Imbissgelegenheiten.

130 [C13] **Esplanade at Wynn & Encore,** 3131 S. Las Vegas Blvd., www.wynnlasvegas.com/Amenities/Shops, tgl. 10–23 Uhr. Gediegene, elegante (Designer-)Shops, z. B. Alexander McQueen, Brioni, Cartier, Chanel, Chloé, Dior, Louis Vuitton, Rolex. Allein schon die Schaufenster sind sehenswert!

131 [B13] **Fashion Show Mall,** 3200 S. Las Vegas Blvd., www.thefashionshow.com, Mo.–Sa. 10–21, So. 11–19 Uhr. Sieben Kaufhäuser (u. a. Macy's, Neiman Marcus und Nordstrom), dazu kleine (Designer-)Läden, eine Filiale von Apple sowie Restaurants und Cafés.

Die Fashion Show Mall ist eine der wenigen von Hotels unabhängigen Malls

077lv Abb.: mb

132 [B15] **Grand Bazaar Shops at Bally's,** 3635 Las Vegas Blvd., www.grandbazaarshops.com, tgl. 10–22, Fr./Sa bis 23 Uhr. Einerseits Open-air-Shoppingmall mit zahlreichen kleinen Geschäften, u. a. Swarovski oder Xpressions, andererseits eine Ansammlung von kleinen Filialen bekannter Lokale.

133 [B15] **Le Boulevard at Paris Las Vegas,** 3655 S. Las Vegas Blvd., www.caesars.com/paris-las-vegas/things-to-do/shopping, So.–Do. 10–22, Fr./Sa. 10–23 Uhr. Vor allem französisch angehauchte Boutiquen und Restaurants aller Art entlang einem Boulevard à la Champs Elysées unter Sternenhimmel im Paris-Casino.

134 [B14] **LINQ Promenade,** www.caesars.com/linq/promenade/shopping. Shops und Lokale entlang der Promenade vom Strip zum unübersehbaren Riesenrad, u. a LV Souvenirs, Goorin Bros. Hat Shop und Sprinkles Cupcakes.

135 [B16] **Miracle Mile Shops at Planet Hollywood Resort,** 3663 S. Las Vegas Blvd., www.miraclemileshopslv.com, So.–Do. 10–23, Fr./Sa. 10–24 Uhr. 170 Läden und an die 30 Restaurants. Eher auf ein jüngeres Publikum zugeschnitten, z. B. mit H&M, Aldo, Urban Outfitters, True Religion Jeans, Skechers. Hinzukommen Lokale wie PBR Rock Bar & Grill oder Sin City Brewing Co.

136 [B14] **The Forum Shops at Caesars,** 3500 S. Las Vegas Blvd., www.caesars.com/caesars-palace/things-to-do/forum-shops, So.–Do. 10–23, Fr./Sa. 10–24 Uhr. Hierher geht man auf einen Bummel durch Rom, vorbei an Trevi- und Tritonenbrunnen sowie 160 Läden – Boutiquen wie Versace und Cartier, aber auch Abercrombie & Fitch, Diesel, GAP, H&M oder UGG. Zudem gibt es Unterhaltung (Brunnenshows, Aquarium) und exklusive Restaurants. Ideal zum „People Watching", da es viele bequeme Sitzgelegenheiten (und Gratis-WLAN) gibt.

EXTRATIPP

Las Vegas Souvenirs

Das berühmte Schild **„Welcome to Fabulous Las Vegas"** findet sich überall und immer: auf Lippenpflegestiften und Kugelschreibern, als blinkender Eyecatcher für den Schreibtisch oder auf der Kochschürze. Die lokale Firma **Sin City Suckers** produziert die angeblich „hottest lollipops in town" – Lutscher in Würfelform oder in Form eines Spielkartensymbols (Pik, Herz etc.). Es gibt sie in verschiedenen Geschmacksrichtungen, z. B. Grape of Spades, 4 of a Lime oder Lucky Lemon. Ebenfalls in Las Vegas hergestellt und überall zu kaufen sind **Ethel M. Chocolates** (s. S. 78).

137 [B14] **The Grand Canal Shoppes,** 3377 S. Las Vegas Blvd., www.grandcanalshoppes.com, So.–Do. 10–23, Fr./Sa. 10–24 Uhr. Sehenswerte Mall zwischen Venetian und Palazzo Hotel mit Livekünstlern und breitem Angebot, u. a. Harley-Davidson und Luxusboutiquen wie Jimmy Choo oder Diane von Furstenberg. Restaurants mit „venezianischem Flair", dazu Gondelfahrten auf einem künstlichen Kanal.

138 [B16] **The Shops at Crystals,** im CityCenter, 3720 S. Las Vegas Blvd., www.simon.com/mall/the-shops-at-crystals, So.–Do. 10–23, Fr./Sa. 10–24 Uhr. Spektakuläre Architektur vom Studio Daniel Libeskind und David Rockwell mit exklusiven Läden wie Tiffany & Co, Louis Vuitton, Prada oder Dior, dazu gehobene Lokale wie Todd English P.U.B.

139 [bk] **Town Square Las Vegas,** 6605 S. Las Vegas Blvd., http://mytownsquarelasvegas.com, So. 11–20, Mo.–Do. 10–21, Fr./Sa. 10–22 Uhr. Große Shoppingmall im Stil eines kleinen Dorfes mit Shops (Abercrombie & Fitch, H&M, Guess, Old Navy u. a.), Lokalen und Kino-

EXTRAINFO

Mehrwertsteuer

In Nevada kommt bei jedem Einkauf (Ausnahme sind viele Lebensmittel) eine **Sales Tax** von 8,25 % dazu. Sie ist im angegebenen Preis nicht enthalten.

EXTRATIPP

Für den schnellen Einkauf ...

Perfekt für Besucher, die am Strip wohnen, ist die Filiale der Drogeriemarktkette Walgreens zwischen Palazzo und Venetian Hotel. Hier gibt es nämlich nicht nur Drogerieartikel und Souvenirs, sondern auch Lebensmittel (u. a. Frischobst) und eine große Getränkeabteilung mit Alkoholika.

148 [B14] **Walgreens (1),** 3339 S. Las Vegas Blvd., tgl. 24 Std.

komplex um den Town Square Park, dazu für Kinder Children's Park und Town Square Train. Es gibt eine Filiale des Bio-Supermarkts Whole Foods und Lokale wie Kabuki (japanisch) oder Tommy Bahama (karibisch, bekannt für seine Rum-Auswahl). Bars: Double Helix Wine & Whiskey Lounge oder Blue Martini Lounge.

140 [A15] **Via Bellagio,** 3600 S. Las Vegas Blvd., www.bellagio.com/en/amenities/shopping.html, tgl. 10–24 Uhr. Mode- und Schmuckläden, aber auch Lokale im Bellagio-Hotel.

Einzelne Shops

141 [B14] **Bauman Rare Books,** 3327 S. Las Vegas Blvd., www.baumanrarebooks.com, So.–Do. 10–23, Fr./Sa. 10–24 Uhr. Große Auswahl an gebrauchten Büchern sowie Antiquarisches.

142 [C8] **Bonanza Gift Shop,** 2400 S. Las Vegas Blvd./Sahara Ave., tgl. 8–24 Uhr. Nicht nur einer der ältesten Souvenirläden der Stadt, sondern mit 3200 m² Fläche angeblich der größte der Welt.

143 [bl] **Boot Barn,** 7265 S. Las Vegas Blvd./Warm Springs Rd. Hier finden Cowboys und -girls Western Wear von Boots und Gürteln bis T-Shirts und Jeans.

144 Ethel M. Chocolate Factory, 2 Cactus Garden Dr., Henderson, www.ethelm.com,, tgl. 8.30–18 Uhr. 1911 begann Ethel Mars Schokoladen herzustellen und zu verkaufen, ihr Sohn Forrest Mars Sr. – der Gründer von Mars Candy – eröffnete dann vor über 30 Jahren eine Firma, die immer noch handgeschöpfte Schokoladen und Pralinen herstellt. Es gibt Gratistouren, einen Laden und einen Wüstengarten, in dem von Nov. bis Januar „Ethel M. Chocolate Light the Night Spectacular" – Beleuchtungsabende und spezielle Touren – stattfinden. Mehrere Läden in der Stadt.

› **Vintage NV,** Downtown Container Park (s. S. 76), Vintage-Damenmode und -Accessoires, aber auch Neues.

Wochenmärkte

Es gibt mehrere Wochenmärkte, auf denen lokale Produzenten ihre Ware anbieten (Infos: https://lvfarmersmarkets.wixsite.com/lvfm), z. B.:

145 Las Vegas Farmers Market Bruce Trent Park, 1600 N. Rampart Blvd., Summerlin, Mi. 16–20 Uhr, im Winter 14–18 Uhr

146 Las Vegas Farmers Market Floyd Lamb Park, 9200 Tule Springs Rd., am 1. und 3. Sa. im Monat 10–14 Uhr

147 Las Vegas Farmers Market Gardens Park, 10401 Gardens Park Dr., Summerlin South, Do. 16–20 Uhr, im Winter 14–18 Uhr

Der botanische Garten des Spring Preserve 30 *ist ebenso interessant wie erholsam*

Las Vegas zum Träumen und Entspannen

Las Vegas ist alles andere als eine typische amerikanische Stadt mit Parks und Grünflächen, Plätzen und Promenaden. Es gibt zwar eine lange Promenade, den Strip, doch Parks und Grünflächen sind Bestandteil der großen Hotel- und Casino-Komplexe.

Es lassen sich aber auch in Las Vegas einige beschauliche Plätze finden, zum Beispiel der **Old Las Vegas Mormon State Historic Park** 29 am Nordrand der Innenstadt. Hier lässt sich zumindest noch ahnen, wie die Landschaft mit der Quelle, an der die erste Besiedelung erfolgte, ursprünglich ausgesehen hat.

Einen Eindruck von Landschaft, Flora und Fauna der umgebenden Mojave-Wüste erhält man in der **Springs Preserve** 30. Das Areal liegt jenseits der die Stadt in Nord-Süd-Richtung durchschneidenden Autobahn I-15. Nach dem Besuch der Ausstellungen laden der Botanische Garten *(Desert Gardens)* und der zugehörige Wüstenpark mit rekonstruiertem Feuchtgebiet zur Pause ein.

Wer Natur und Landschaft „original" und hautnah erleben möchte, muss die Stadt verlassen. Ausflüge von einem halben Tag führen beispielsweise ins **Valley of Fire** 35 oder zum **Red Rock Canyon** 33 und bieten unvergessliche Eindrücke von der die Stadt umgebenden Mojave-Wüste.

Und sogar am **Strip** gibt es vereinzelt ruhige Flecken zum Ausruhen. Zwischen dem See vor dem **Bellagio** 13 und der Hotelzufahrt befindet sich z. B. ein kleiner, beschaulicher Park mit Sitzgelegenheiten und Schatten spendenden Bäumen. Ein Ruhepol sind das gratis zugängliche **Flamingo Wildlife Habitat** und der zugehörige Garten mit der Wedding Chapel im hinteren Bereich des **Hotels Flamingo** 10. Angenehm klimatisiert sitzt man in den **Conservatory & Botanical Gardens** des Bellagio und betrachtet dabei Blumen und Leute. Ebenfalls gekühlt kann man es sich in den **Forum Shops at Caesars** (s. S. 77) gemütlich machen und dem Treiben ringsum zusehen.

Romantisch ist der **Lake of Dreams at Wynn** (s. S. 18), wo abends eine Lichtshow stattfindet. Die künstliche Landschaft mit Wald und Grün, Wasserfall und See bildet eine eigene Welt.

0231v Abb.: mb

Zur richtigen Zeit am richtigen Ort

Eigentlich ist man in Las Vegas, dem „Entertainment Capital of the World“, immer zur richtigen Zeit am richtigen Ort. Das ganze Jahr über gibt es täglich Shows und Konzerte. Der legendäre Cirque du Soleil bietet sogar mehrere Vorstellungen an verschiedenen Orten. Es ist für jeden Geschmack etwas geboten – dank der Symphony Hall sogar für Freunde klassischer Musik.

Im Unterschied zu anderen Touristendestinationen ist Las Vegas weniger für sich jährlich wiederholende Großevents bekannt. Vielmehr beruht der Ruf des „Entertainment Capital of the World“ auf einem **konstant hochkarätigen Show- und Konzertprogramm** und auf **Konzertserien** in Hotelklubs.

An **Festivals** stehen ethnische und künstlerische Events, Sportveranstaltungen (vor allem Autorennen und Golf sowie Uni-Sport) sowie Musikfestivals, besonders aber Veranstaltungen mit motorisierten Fahrzeugen (Classic Cars, Bikes, Trucks) und einige Food Festivals auf dem Programm. Die meisten Veranstaltungen finden im Frühjahr bzw. Spätherbst statt, einige im Winter; im Sommer ist es definitiv zu heiß für Aktivitäten im Freien.

EXTRAINFO

Veranstaltungshinweise

Auf den folgenden Websites kann man sich **tagesaktuell über Veranstaltungen und Shows in Las Vegas informieren:**

- www.lasvegas.com/shows
- http://lasvegasweekly.com

Winter

- 14. Februar: **Valentinstag.** In der Hochzeitshochburg Las Vegas mit etwa 50 Wedding Chapels geht es an diesem Tag hoch her. Vielerlei Events und besondere Menüs, v. a. Eiffel Tower und Gondelfahrten im Venetian sind Favoriten.
- Mitte Februar: Im Rahmen des **Las Vegas Mayor's Cup International Soccer Tournament,** bei dem über 350 Amateurmannschaften aus aller Welt teilnehmen, treffen als Höhepunkt zwei US-Profiteams im **Las Vegas ProSoccer Challenge** (www.prosoccerchallenge.com) im Sam Boyd Stadium (s. S. 117) aufeinander.
- Ende Februar: **Chinese New Year Celebration & Asian Food Festival** auf der Las Vegas Chinatown Plaza (4255 Spring Mountain Rd.), http://lvchinatownplaza.com/event_index.htm. Pan-asiatisches Fest mit Tänzen, Musik und kulinarischen Genüssen.
- Anfang März: **USA Sevens Tournament,** www.usasevens.com/las-vegas. Größtes Rugby-Turnier Nordamerikas und Teil der International Rugby Board World Series. 16 Nationen und über 60.000 Zuschauer finden sich während der drei Turniertage im Sam Boyd Stadium (s. S. 117) ein. Seit 2016 ist „Rugby 7“ (Rugby mit 7 Spielern) olympische Disziplin bei den Sommerspielen.
- Anfang März: **NASCAR Weekend** auf dem Las Vegas Motor Speedway (7000 N. Las Vegas Blvd./Speedway Blvd.). Ein Wochenende lang heiße Motoren und Rennen. Der Jahreskalender findet sich unter: www.lvms.com/tickets.
- Mitte März: **Monster Jam World Finals,** www.monsterjam.com. Aufgemotzte Trucks bieten motorisiertes Vergnügen der besonderen Art im Sam Boyd Stadium (s. S. 117)!

Feiertage

In den USA gibt es wegen der vergleichsweise geringen Zahl an Feiertagen die arbeitnehmerfreundliche Gepflogenheit, diese auf einen Montag oder Freitag zu legen. Die Feriensaison dauert landesweit von Memorial bis Labor Day, die beide ein verlängertes Wochenende bedeuten.

- 1. Januar: **New Year's Day**
- 3. Montag im Januar: **Martin Luther King's Birthday**
- 3. Montag im Februar: **President's Day** (Washington's Birthday)
- Ende März/Anfang April: **Easter Sunday** (Ostersonntag)
- Letzter Montag im Mai: **Memorial Day**
- 4. Juli: **Independence Day**
- 1. Montag im September: **Labor Day**
- 2. Montag im Oktober: **Columbus Day**
- 31. Oktober: **Halloween** (kein offizieller Feiertag)
- 11. November: **Veterans' Day**
- 4. Donnerstag im November: **Thanksgiving Day**
- 25. Dezember: **Christmas Day**

Frühjahr

- Oster-Wochenende: **Viva Las Vegas,** www.vivalasvegas.net. LGBT- und Rockabilly-Party (Orleans Hotel, 4500 W. Tropicana Ave.). Rockabilly-Bands aus aller Welt treten auf, dazu Carshow, Burlesken-Shows, Pool Party, Swimsuit Contests u. a.
- Letzte Aprilwoche: **Las Vegas City of Lights Jazz and R&B Festival** im Clark County Government Amphitheater, http://yourjazz.com. Hochkarätige Jazz- und R&B-Konzerte.
- Mitte Mai: **Helldorado Days,** www.elkshelldorado.com. Das Festival wurde 1935 ins Leben gerufen, um nach Fertigstellung des Hoover Dams Besucher anzulocken. Die Wildwest-Vergangenheit der Stadt wird mit Events an verschiedenen Orten gefeiert, u. a. PRCA Rodeo, Parade, Wildwest-Town, Poker- und Golf-Tournaments.
- Mitte Mai: **Vegas Uncork'd,** www.vegasuncorked.com. Viertägiges, von der Zeitschrift Bon Appétit veranstaltetes, kulinarisches Festival, zu dem Spitzenköche aus aller Welt anreisen, z. B. Gordon Ramsay, Nobu Matsuhisa, Guy Savoy oder Hubert Keller. Events in verschiedenen Hotels der Stadt sowie Celebrity Chef Poker Tournament.
- Mitte Mai: **Electric Daisy Carnival (EDC),** http://electricdaisycarnival.com. Weltweit größte Electro-/Rave-Party auf dem Las Vegas Motor Speedway (s. „NASCAR Weekend"). Drei Tage, mehr als 300.000 Besucher, sieben Bühnen, über 150 Musikacts, Kunstinstallationen, Fahrgeschäfte, Licht- und Kunst-Shows, Theaterperformances und jeden Abend Feuerwerk.

Sommer

- Mitte Mai–Mitte Juni: **Jazz in the Park,** www.clarkcountynv.gov/depts/parks/Pages/jazz-inthe-park.aspx. Samstags gibt es um 19 Uhr Gratis-Abendkonzerte im Clark County Government Amphitheater.
- Ende Mai/Anfang Juni–Mitte Juli: **World Series of Poker** (s. S. 34) im Rio Hotel (s. S. 125), www.wsop.com. Mehrere Wochen lang Pokerturniere mit Tausenden von Teilnehmern.
- Ende Mai/Anfang Juni: **Vegas Cruise,** Fremont St., www.vegasexperience.com. Drei Tage lang werden Classic Cars (Oldtimer) an der Fremont Street präsentiert.

EXTRATIPP

First Friday

Am ersten Freitag im Monat, dem „**First Friday**", ist von 18 bis 22 Uhr der 18b Las Vegas Arts District 27 in Downtown ein beliebter Treff. Dann findet eine Art „Blockparty" mit Unterhaltung, Essen und Trinken, länger geöffneten Shops und besonderen Aktionen, z. B. in Restaurants, statt.

› https://ffflv.org

Herbst bis Jahresende

- Ende September: An einem Wochenende findet das **Life is Beautiful Festival**, https://lifeisbeautiful.com, ein Musik- und Kunstfestival rund um die Fremont Street, statt. Konzerte, v. a. Folk Rock auf mehreren Bühnen, 75 Bands in drei Tagen, zudem Culinary Village (Imbisse von Spitzenköchen), Alchemy Garden (Biere und Weine) und Kunstevents; Tagesticket derzeit $ 125.
- Erste Oktoberhälfte: **Las Vegas Bike-Fest,** www.lasvegasbikefest.com. Sogar Nicht-Biker bewundern die klassischen Harleys; außerdem Vorführungen und „Artistry in Iron" – Wer hat die schönste Maschine?
- Mitte Oktober: **PBR Finals Week** im Thomas & Mack Center (s. S. 117), www.pbrfinalsweek.com. Die weltbesten Bull Riders – eine Rodeodisziplin mit eigenem Verband und Wettbewerben – treffen sich in Las Vegas. Auch die besten Stiere werden ausgezeichnet.
- 31. Oktober: **Halloween,** an verschiedenen Orten und in Klubs, u. a. Kostümpartys wie der Fetish & Fantasy Ball im Red Rock Casino (www.fetishandfantasyhalloweenball.com).
- Mitte November: **Rock 'n' Roll Las Vegas Marathon und Half Marathon,** www.runrocknroll.com/las-vegas. Sport und Musik, d. h. Live-Entertainment und zwei Läufe über 26 und 13 Meilen entlang dem Las Vegas Boulevard vom/zum Mandalay Bay. Über 30.000 Teilnehmer.
- Ende November: **Motor Trend International Auto Show** im Las Vegas Convention Center, http://autoshowlv.com. *Die* Car Show schlechthin!
- Anfang Dezember: **National Finals Rodeo,** http://prorodeo.com/prorodeo/wrangler-national-finals-rodeo. Zum Ende der Saison ermitteln die besten Rodeo-Cowboys der National Rodeo Cowboys Association (PRCA) im Thomas & Mack Center (s. S. 117) gut eine Woche lang die „Weltmeister" in den sieben klassischen Rodeo-Disziplinen Bareback Riding, Steer Wrestling, Team Roping, Saddle Bronc Riding, Tie-down Roping, Barrel Racing und Bull Riding. Begleitprogramm wie Cowboy Christmas, Wahl der Miss Rodeo America und Countrymusik-Konzerte.
- vor Weihnachten: **Las Vegas Bowl,** www.lvbowl.com. Topteams der Mountain West Conference und der Pac-10 Conference treffen sich im Sam Boyd Stadium (s. S. 117) vor über 40.000 Fans zum Pokalendspiel im College Football.
- Silvester: **New Year's Eve.** Fest mit Entertainment und Feuerwerken in Downtown – an der Freemont Street – und am Strip. Am Strip findet das weltgrößte Neujahrs-Feuerwerk, ausgerichtet von mehreren großen Hotels, statt.

LAS VEGAS VERSTEHEN

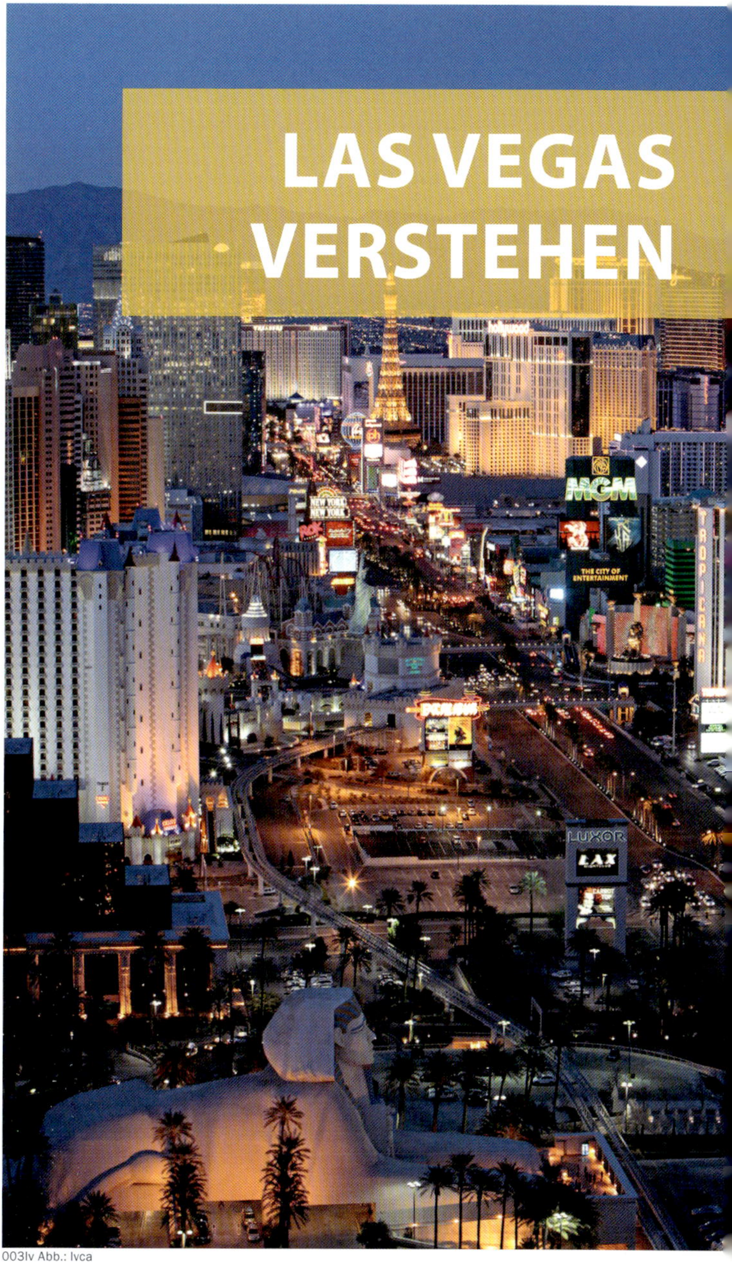

003lv Abb.: lvca

Von Venedig in wenigen Schritten zum Orient, vom Römischen Reich mitten hinein in die mittelalterliche Welt der Ritter und Burgfräulein, vom mondänen Monte Carlo ins pulsierende Paris, von New York an den Strand von Mandalay Bay – eine Reise durch Zeiten und Welten ist in Las Vegas an einem einzigen Tag möglich.

Das Antlitz der Metropole

Ringsum karge, lebensfeindliche Wüste und unerbittlich herabbrennende Sonne – dann plötzlich Palmen, blühende Rabatten, Seen, plätschernde Brunnen und angenehme Kühle dank Wassersprühern. Da der Eiffelturm, dort eine venezianische Gondel und drüben die Skyline New Yorks – nein, es handelt sich um keine Fata Morgana, sondern um Las Vegas. Ob man diese Kunstwelt mit ihren Kulissen, Shows und Poollandschaften, ihren Schicki-Micki-Bars und -Klubs, Spielhöllen und Megahotels mag oder nicht, eines ist sicher: Man muss sie gesehen haben!

Vorseite: Es wird Nacht und der Strip erstrahlt in allen Farben

„Vegas", wie Einheimische ihre Heimatstadt nennen, wirkt mitten in der Mojave-Wüstenlandschaft wie vom Mond gefallen, so als habe Hollywood eine Rakete in die Umlaufbahn geschickt, die bereits kurz nach dem Start in der Wüste notlanden musste. Spaß beiseite: Los Angeles ist gerade einmal 430 km bzw. vier Autostunden von Las Vegas entfernt. Dieser Umstand erklärt auch die unzähligen Ausflügler aus der kalifornischen Metropole, die an Wochenenden einfallen. Las Vegas gilt als die Casino-Hauptstadt der Welt, als **„Gambling Capital"**, aber auch als **„Entertainment Capital of the World"**. Wer in der Unterhaltungs-, Show- und Musikwelt einen Namen hat, muss hier auftreten. Unzählige Shows aller Art unterhalten Abend für Abend Tausende von Besuchern.

Für manchen amerikanischen Urlauber ist Las Vegas die einzige Möglichkeit, die Welt kennenzulernen: Hier sind auf engstem Raum **Traumreiseziele** wie Paris, der Comer See, Venedig, Rom, New York oder Ägypten nachgebildet. Auch wenn inzwischen die Casinos nur noch Teil des Ganzen sind und Shopping, exklusive Restaurants, schicke Bars, erholsame Wellnessbereiche sowie spektakuläre Shows an Bedeutung zugenommen haben, werden mit Poker,

024lv Abb.: lvcva

Roulette und „einarmigen Banditen“ immer noch Millionen umgesetzt.

Abgesehen von Glücksspiel und Shows hat noch etwas den Ruf von Las Vegas geprägt: die **„schnelle Hochzeit“** – und Scheidung. Neben fast 30 unabhängigen *Wedding Chapels* verfügen die meisten großen Casinohotels über Hochzeitskapellen und bieten Vermählungen innerhalb weniger Stunden an. Gut 80.000 Heiratsurkunden werden jedes Jahr von der Stadtverwaltung ausgestellt. Kein Bundesstaat hat eine so lockere Gesetzgebung. Doch die Stadt gilt nicht nur als **„Marriage Capital of the World“**, sondern auch als **„Capital of Second Chances“** – womit nicht nur Zweitehen gemeint sind, sondern auch Comebacks gealterter Stars. Und nicht zuletzt trägt Las Vegas den Spitznamen **„Sin City“**, wobei im „Sündenpfuhl“ die Devise gilt: **„What happens in Vegas, stays in Vegas ...“**

In der Stadt leben fast 630.000 Menschen, im gesamten Großraum sind es an die 2,2 Millionen – mit steigender Tendenz. Außer den beiden touristischen Hauptzentren **Downtown Las Vegas** um die Fremont Street Experience und den **Strip**, wie der **Las Vegas Boulevard** südlich von Downtown genannt wird, sind große Teile der Metropole reine Wohngebiete.

In den letzten Jahren versuchte man, anderen Vierteln mehr Attraktivität zu verleihen und in Downtown Las Vegas entstanden beispielsweise der **18b Las Vegas Arts District** 27, der **Symphony Park** um die Symphony Hall, der **Cultural Corridor** mit dem **Neon Museum** 28 und der **Fremont East Entertainment District** (s. S. 36). Das Umland der Stadt, die Mojave-Wüste, bietet Kontrastprogramm: im **Red Rock Canyon** 33 oder **Valley of Fire** 35 taucht man in eine völlig andere Welt, in Wüstenlandschaft, ein.

Von den Anfängen bis zur Gegenwart

Steht man heute staunend in der modernen Glitzer- und Kulissenwelt von Las Vegas, kann man sich kaum mehr vorstellen, dass die Ursprünge dieser flimmernden und geschäftigen Metropole einmal in einem verstaubten und verschlafenen Außenposten der westlichen Zivilisation lagen.

In den Tagen des Wilden Westens entschied meist die Eisenbahn über

Leuchtkraft bis ins All: der Strip ist im Dunklen nicht zu übersehen

Heiraten in Las Vegas

Heiratswillige müssen in Las Vegas das Mindestalter von 18 Jahren haben (bei 16-/17-Jährigen ist die Zustimmung eines Elternteils oder eines gesetzlichen Vormunds nötig), ledig, verwitwet oder rechtskräftig geschieden sein. Am einfachsten ist es, bei einer Wedding Chapel vorzusprechen, da die Betreiber bei organisatorischen Fragen und Papierkram behilflich sind.

Zunächst ist es nötig, im Standesamt (Marriage Bureau, 201 Clark Ave., zwischen Strip und Downtown, tgl. 8–24 Uhr) gegen Vorlage der Reisepässe (andere Dokumente sind nicht nötig) eine Lizenz (ein Jahr gültig, $60) zu erwerben. Die Eheschließung kann vom Standesbeamten („Commissioner of Civil Marriages") oder einer staatlich befugten Person an prinzipiell beliebigem Ort vollzogen werden. Ein Trauzeuge ist nötig, wird aber gegebenenfalls gestellt.

Die Heiratsurkunde („Marriage Certificate") wird jedoch von den Behörden in Deutschland und Österreich nicht ohne Weiteres anerkannt. Eine beglaubigte Kopie des registrierten Trauscheins und eine Apostille, ein Schreiben, das die Echtheit der Urkunde bestätigt, sind nötig, manchmal auch eine deutsche Übersetzung. Schweizer benötigen nur eine beglaubigte Kopie des registrierten Trauscheins. Die Registrierung übernehmen oft die „Wedding Coordinators" und im „Recorder's Office" (Clark County Government Center) muss entweder gleich oder später schriftlich eine beglaubigte Kopie („Certified Copy of Marriage Certificate") beantragt werden. Die ***Apostille*** *wird dann*

025lv Abb.: mb

vom Staatssekretär in Carson City bei Vorlage dieser Trauschein-Beglaubigung ausgestellt. Mit diesen Urkunden kann man dann beim zuständigen Standesamt zu Hause einen Antrag auf „Nachbeurkundung einer im Ausland geschlossenen Ehe" stellen. Es gibt mittlerweile zahlreiche Unternehmen, die sich auf Hochzeiten europäischer Paare spezialisiert haben und den Papierkram erledigen.

Vor allem nördlich des Stratosphere Tower ❶ reihen sich zahlreiche „Wedding Chapels" auf, dazu gibt es in den meisten Casino-/Hotel-Komplexen – schön z. B. im Flamingo ❿, im Bellagio ⓭ oder im Wynn ❸ – Hochzeitskapellen. Zu den alteingesessenen unabhängigen Unternehmen gehört die ***Chapel of the Flowers*** *(www.littlechapel.com) – ein Familienbetrieb mit hervorragendem Service, mehreren Pfarrern und drei Kapellen unterschiedlicher Größe. Geboten werden verschiedene Packages (auch mit Unterkunft im Stratosphere Tower) ab $299.*

› ***Allgemeine Infos*** *z. B. unter: www.vegas.com/weddings*

die Zukunft einer Ortschaft. Verlief die Strecke durch den Ort, war ein Boom vorprogrammiert, ließ die Eisenbahn ihn links liegen, war der Absturz zur Geisterstadt vorgezeichnet. Im Falle von Las Vegas war es anders: Der **Bau einer Eisenbahnlinie** zwischen Salt Lake City und Los Angeles initiierte zu Beginn des 20. Jahrhunderts zwar die Entstehung einer kleinen Siedlung am Bahnhof, doch ein Boom blieb aus. Stattdessen waren es ein Gesetz und eine Baumaßnahme, die im Jahr 1931 alles veränderten: einerseits die **Legalisierung des Glücksspiels** durch den Bundesstaat Nevada und andererseits der Bau des **Hoover Dam** am Colorado River.

1941 eröffneten die **ersten Casinos**, doch so richtig los ging es erst in den 1950er-Jahren, als mit Sahara, Riviera, Tropicana und Stardust die ersten legendären Casino/Hotel-Komplexe entstanden. Das Stardust Hotel & Casino bot als erstes eine Show an. Weitere **Marksteine in der Entwicklung** waren 1966 die Eröffnung von Caesars Palace und 1989 die des Mirage – und fortan galt die Devise: monströser, luxuriöser und kurioser. 1996 entstand der höchste frei stehende Aussichtsturm westlich des Mississippi, der Stratosphere Tower. Es folgten der Komplex von MGM Grand und zahlreiche „Stadtimitationen" wie Paris, New York oder Venedig. Den neueren Trend verkörpern elegante Luxusherbergen wie Wynn/Encore, Vdara, Cosmopolitan, LINQ oder Aria – und ein Ende des Booms ist, ungeachtet mancher Baulücke am Strip, nicht abzusehen.

Die Stadt in Zahlen

- **Gegründet:** 15. Mai 1905
- **Stadtrecht:** 16. März 1911
- **Einwohner Stadt:** ca. 630.000 (2017)
- **Einwohner Großraum:** ca. 2,2 Mio. (2017)
- **Fläche:** 352 km²
- **Höhe ü. M.:** 610 m
- **Farbe der Stadtflagge:** Blau

Bescheidene Anfänge

vor 1150: Im Las Vegas Valley leben Indianervölker, die der prähistorischen Pueblo-Kulturstufe mit ihren typischen Adobesiedlungen angehören und intensiven Ackerbau betreiben. Wie auch in anderen Teilen des Südwestens gehen diese Gruppen später in den historischen Indianervölkern auf.

bis ins frühe 19. Jh.: An den Quellen und Bächen im Las Vegas Valley leben Gruppen der Southern Paiute-Indianer weitgehend ungestört.

um 1829: Als erste „Weiße" tauchten Mexikaner im Tal von Las Vegas auf. An den Las Vegas Springs entsteht damals ein Haltepunkt an der nördlichen Route des Old Spanish Trails, zwischen den 1830er- und 1850er-Jahren Verbindungsroute zwischen den mexikanischen Provinzen New Mexico und California.

1844: John C. Frémont (1813–1890), US-Offizier, Politiker und Erforscher des Westens, kommt auf einer seiner Forschungsreisen an dem kleinen Posten vorbei und nennt den Ort um die Quellen und Bäche im Tal erstmals „Las Vegas" – „die Auen".

„The Saints marched in"

1855–1857: Brigham Young schickt 33 Mitglieder der Mormonenkirche nach Las Vegas. Sie sollen nicht nur die lokalen Indianer bekehren, sondern auch eine befestigte Handelsstation zur Versorgung der Glaubensbrüder in Kalifornien errichten. Nach nur zwei Jahren gibt man den Posten wieder auf.

1859: Gold- und Silberfunde lösen nicht nur in Kalifornien, sondern auch im heutigen Nevada einen Boom aus. Unter den Abenteurern ist ein gewisser Samuel Langhorne Clemens, der als Mark Twain weltberühmt wird.

1865: An der Stelle des Handelspostens entsteht eine Ranch, die Helen Jane Wiser Stewart (1854–1926) nach dem Tod ihres Mannes weiterbetreibt. Die Lehrerin, Postamtsleiterin und Politikerin wird wegen ihrer Landschenkungen 1902 an die Eisenbahn zur „First Lady of Las Vegas". Ihr Land bildet die Keimzelle der Stadt. Die engagierte Dame unterstützt auch die lokalen Indianer und 1934 entsteht auf Grund, den sie stiftete, das Reservat des Las Vegas Tribe of Paiute Indians.

1861 wird das „Territory of Nevada" gegründet und drei Jahre später als 36. Staat in die Union aufgenommen. Während des Bürgerkriegs (1861–1865) benötigen die Nordstaaten dringend die Einnahmen aus den Minen.

026lv Abb.: mb

Helen Jane Wiser Steward gilt als „First Lady of Las Vegas"

15. Mai 1905 Die San Pedro, Los Angeles & Salt Lake Railroad, die Eisenbahnlinie zwischen Los Angeles und Salt Lake City, veranstaltet am Haltepunkt Las Vegas eine Landauktion. Leute kaufen Grund, das spätere Golden Gate Hotel und zahlreiche Geschäfte und Häuser werden gebaut, erste Straßen entstehen und eine Gemeinde ist geboren.

1911 wird dieses Dorf zur Stadt erhoben.

Kometenhafter Aufstieg

1931: Da der Bundesstaat Nevada knapp bei Kasse ist, wird das im Westen schon länger betriebene Glücksspiel legalisiert. Zur gleichen Zeit beginnt rund 50 km weiter östlich der Bau des Hoover Dam. Nachdem sich die Wasserversorgung der Stadt als Problem erwiesen hat, sichert das Aufstauen des Lake Mead nun die Versorgung.

1920–1933: Während der Prohibition, als Erwerb und Verkauf von Alkohol verboten sind, blüht das organisierte Verbrechen auf. Zu den „Gangstern", die damals Las Vegas als Basis benutzen, gehören Meyer Lansky (1902–1983) und Benjamin „Bugsy" Siegel (1906–1947). Sie kontrollieren Klubs und Casinos.

1935 Mit der Helldorado Celebration will man mehr Touristen anlocken. Die „Wild West Celebration" mit Paraden, Rodeos und Schönheitswettbewerben ist eines der ersten Events im späteren Entertainment Capital. 1946 resultiert daraus Roy Rogers Film „Heldorado".

1941: „El Rancho Vegas" eröffnet als erstes Resort-Casino am Strip, ebenso entsteht die Aerial Gunnery School – heute Nellis Air Force Base – als Luftwaffenstützpunkt.

1946: Das Flamingo, angeregt durch Hollywood-Publizist Billy Wilkerson und voll-

Las Vegas und Hollywood

Natürlich hat auch Hollywood Las Vegas als Filmkulisse entdeckt. Der berühmteste Film dürfte wohl „Viva Las Vegas" mit Elvis Presley sein, nachfolgend einige weitere:

- ***Ocean's Eleven** (1960, mit Frank Sinatra, Dean Martin und Sammy Davis Jr.). Neuverfilmung (2001) mit George Clooney, Matt Damon und Brad Pitt: Elf Freunde wollen Casinos ausrauben.*
- ***Viva Las Vegas** (1964), Filmmusical mit Elvis Presley als verliebtem Autorennfahrer.*
- ***Diamonds are Forever** (1971, dt. „Diamantenfieber"), der 7. James-Bond-Film mit Sean Connery.*
- ***Bugsy** (1991, mit Warren Beatty) und **Casino** (1995, mit Robert De Niro, Sharon Stone und Joe Pesci) schildern die Epoche des Mobs.*
- ***Showgirls** (1995) mit Elizabeth Berkley.Die Geschichte einer Tänzerin.*
- ***Leaving Las Vegas** (1995) mit Nicolas Cage und Elisabeth Shue. Verfilmung des Romans von John O'Brien (s. S. 110).*
- ***The Cooler** (2003), William H. Macy und Alec Baley. Tragikomische Gangsterkomödie.*
- ***The Grand** (2008) mit Woody Harrelson. Komödie um ein Pokerturnier.*
- ***What Happens in Vegas** (2008, dt. „Love Vegas") mit Cameron Diaz und Ashton Kutcher. Liebeskomödie.*
- ***Hangover Part I** (2009) und **Part III** (2013) mit Zach Galifianakis, Bradley Cooper und Ed Helms.*
- ***Bachelor Night** (2014). Versprochene Junggesellen treffen auf Junggesellinnen und feiern ein letztes Mal vor der Ehe in der Partymetropole Las Vegas.*
- ***Wild Card** (2015). Krimi-Thriller von Regisseur Simon West, der in den korrupten Abgründen von Las Vegas spielt.*
- ***C.S.I. Las Vegas** (2000–2015). Beliebte TV-Serie, die in der forensischen Abteilung des Las Vegas Police Department spielt.*

endet von Bugsy Siegel, ignoriert als erstes Casino-Hotel den bislang verbreiteten Wildwest-Stil.

1951–1959: Insgesamt 119 oberirdische Kernwaffentests – gefolgt von über 1000 unterirdischen Tests von 1962 bis 1992 – finden auf der Nevada National Security Site, einem Sperrgebiet ca. 105 km nördlich der Stadt, statt. Die Explosionen in der „Area 51" gelten als Touristenattraktion und werden von Penthouse-Bars in Vegas mit Spannung verfolgt.

1955: Zwar schließt das Moulin Rouge nach nur wenigen Monaten wieder, doch es geht in die Geschichte ein, weil hier Afroamerikaner Zugang haben und Stars wie Sammy Davis Jr., Lena Horne oder Nat King Cole auftreten.

April 1956: Elvis Presley tritt – damals wenig beachtet – erstmals in Las Vegas auf.

„Entertainment Capital of the World"

ab 1957: Schon in den 1940er- und 1950er-Jahren sind „Chorus Lines" – „Go-Go Girls" – in den Hotels verbreitet. 1957 findet die erste Revue der „Minsky's Follies" statt, Mädchen, die oben ohne im Dunes Hotel auftreten. Auch Showgirls aus Frankreich sind gefragt, z. B. im Stardust ab 1958 in der Show „Lido de Paris".

1959 eröffnet „Folies Bergere“ im Tropicana. Anfangs stehen bei den Shows weniger Tanz und Gesang im Vordergrund als knappes Outfit. Im gleichen Jahr entwirft Betty Willis das heute viel fotografierte „Welcome to Las Vegas“-Schild.

1966–1976: Während der letzten zehn Jahre seines Lebens wohnt der mysteriöse Unternehmer Howard Hughes (1905–1976) in der Penthouse-Suite des Desert Inn, das er 1967 als erstes Hotel einer ganzen Serie erwarb.

1969: Elvis Presley feiert mit einer Konzertserie im damaligen „International“ (heute „LVH“) sein Comeback.

1970: 6,7 Mio. Besucher stehen gerade einmal 125.000 Einwohnern gegenüber.

1989: Eröffnung des Mirage als erstes Megaresort. Der Bauunternehmer Steve Wynn schuf damit das erste große Glamour-Resort am Strip.

1993: Anstelle des alten „Dunes“, das gesprengt wurde, entsteht das Bellagio.

1995: Die Fremont Street Experience eröffnet mit einem ungewöhnlichen Sound- und-Licht-System zum 100. Geburtstag der Stadt.

1996: Der Stratosphere Tower ist mit 350 m Höhe der höchste frei stehende Aussichtsturm westlich des Mississippi.

1993–2009: Nach dem MGM (1993) werden zahlreiche Hotels mit Städtethema erbaut wie New York-New York (1997), Paris, Mandalay Bay und Venetian (alle 1999), daneben auch elegante Luxusherbergen wie das Bellagio (1998). 2005 kommen das Wynn, 2008 das Palazzo und das Encore und 2009 das CityCenter mit zwei Hotels dazu.

2012: Das sehenswerte Mob Museum wird im ehemaligen Courthouse in Downtown Las Vegas eröffnet. Im gleichen Jahr verbucht Las Vegas mit 39,7 Mio. Menschen einen neuen Besucherrekord.

2013: Das Nobu Hotel eröffnet als erstes Boutiquehotel der Stadt, weitere folgen als Luxusableger der großen Hotelkomplexe. Im selben Jahr entsteht der Downtown Container Park.

2014: Eröffnung des SLS Las Vegas als Reinkarnation des legendären Sahara. Als Teil von The LINQ werden eines der weltgrößten Riesenräder, der High Roller, und eine Promenade eröffnet. The Quad wird zum LINQ Hotel.

2016: Die T-Mobile Arena wird am Strip fertiggestellt.

4. Okt. 2017: Ein Amokschütze erschießt von einem Zimmer im Mandalay Bay aus 58 Menschen, die gegenüber ein Open-air-Festival besucht hatten.

Leben in der Stadt

Die Metropolregion Las Vegas liegt im **Las Vegas Valley.** Dieses ist streng genommen gar kein Tal, sondern ein Talkessel von etwa 1600 km² Ausdehnung, das von mehreren Bergketten der Mojave-Wüste umgeben ist. Das Las Vegas Valley gehört wiederum verwaltungstechnisch zum Landkreis **Clark County**, das die gesamte Südspitze von Nevada bis zum Colorado River und zu den angrenzenden US-Bundesstaaten Arizona und California einnimmt.

Ausgerechnet in diesem Wüstenkessel sind die **drei größten Städte von Nevada** entstanden: Neben **Las Vegas** sind das **North Las Vegas** im Norden und **Henderson** im Südosten des Tals. Zur Metropolregion gehören sechs weitere Gemeinden, u.a. Paradise und Enterprise. Kurioserweise befindet sich die Hauptattraktion von Las Vegas, der Strip, d.h. der südliche Teil des Las Vegas Boulevard, anders als Downtown gar nicht auf Stadtgebiet, sondern in Paradise.

Rund 630.000 Menschen wohnen in der Stadt Las Vegas, im Großraum (Clarke County) sind es etwa 2,2 Mio. Die Zahlen steigen konstant, da nicht nur vermehrt junge Familien auf der Suche nach Jobs hierher umsiedeln, sondern auch zunehmend Rentner das Las Vegas Valley als ganzjährig warmes *retirement home,* als Altersruhesitz, entdecken.

Leben in der Mojave-Wüste

Man muss das Klima der Mojave-Wüste mögen: Es gibt **kaum Regen.** Nur um die 110 mm Niederschlag im Jahr (vgl. Deutschland: knapp 800 mm) werden gemessen, zum Großteil während des **Monsoons** zwischen Januar und Februar. In der südlich gelegenen Sonora-Wüste im benachbarten Bundesstaat Arizona fällt die Regenzeit hingegen in den Sommer.

Weites unbewohntes Land: die Mojave-Wüste, im Hintergrund ein Stausee

Die **Durchschnittstemperaturen** im Las Vegas Valley liegen im Sommer tagsüber um die 40 °C – es gibt aber auch Phasen mit fast 50 °C – und auch nachts sinkt das Thermometer selten unter 30 °C. In den Wintermonaten kann es hingegen kühl werden, sogar Schnee oder Frost kommen vor, schließlich ist die Mojave-Wüste eine Hochwüste. Das Wichtigste in der trockenen Hitze ist **ausreichend Trinkwasser**, um einer Dehydrierung vorzubeugen. Kinder allein im Auto zu lassen – auch nur für Minuten –, ist in Nevada sogar per Gesetz untersagt.

Sollte ein Unwetter oder Regen angesagt sein, was speziell in der Monsoon-Zeit vorkommt, ist es bei Ausflügen ratsam, höher gelegene Regionen aufzusuchen. Die gefürchteten **„Washes“**, Springfluten, können blitzschnell entstehen: Wie aus dem Nichts schießen enorme Wassermassen durch die trockenen Fluss- und

Tunnels of Las Vegas

Seit Matthew O'Briens Buch „Beneath the Neon" (s. S. 110) weiß man von der Existenz eines „Underground Las Vegas". Nach Angaben des Clark County Regional Flood Control Districts breitet sich im Las Vegas Valley ein Kanalsystem von etwa 720 km Länge aus. Es dient in erster Linie der Hochwasserkontrolle, wenn es im Frühjahr zu sintflutartigen Regengüssen kommt. Fast 480 km der Gänge verlaufen unterirdisch und sind Zufluchtsstätte einer Parallelgesellschaft. An die 1000 „tunnel" oder „mole people" (mole = Maulwurf) sollen in Las Vegas im Untergrund Schutz vor Hitze und Kälte suchen.

Bachläufe. In der Stadt werden diese Regengüsse, die der ausgetrocknete Wüstenboden wegen ihrer Heftigkeit gar nicht aufnehmen kann, durch den **Las Vegas Wash**, einen künstlich angelegten Kanal, der auch als Urban River bezeichnet wird, und ein damit verbundenes Kanalsystem *(tunnels)*, aufgefangen und kontrolliert dem Lake Mead zugeführt.

Der **Urban River** erinnert an jene Tage, als es im Las Vegas Valley noch zahlreiche natürliche Quellen und damit **Wetlands** (Feuchtgebiete) gab. An einigen Stellen, wo Wasser fast ganzjährig vorhanden ist, z. B. im Springs Preserve oder im Osten des Tals, bilden die Wetlands noch heute ein wichtiges Ökosystem. Sie sorgen für Bewuchs, lassen den Grundwasserspiegel steigen und dienen als natürlicher Filter, ehe die Wassermassen in den Lake Mead fließen. Dabei unterqueren sie in zwei Tunneln den künstlichen Lake Las Vegas, der östlich der Stadt die grüne Oase eines noblen Vororts entstehen ließ.

Leben vom Tourismus

Für Besucher besteht Las Vegas in erster Linie aus Downtown und Strip, wie der knapp 7 km lange Abschnitt des **Las Vegas Boulevard** südlich der Innenstadt genannt wird. 2016 stellte Las Vegas einen neuen **Besucherrekord** mit rund 43 Mio. Gästen auf. Unter den Besuchern befinden sich nicht nur Urlauber aus aller Welt, sondern auch zahlreiche Messe- und Tagungsgäste.

Im Jahr 2016 war Las Vegas Gastgeber von rund 22.000 Tagungen und Messen, was über 6,3 Mio. Geschäftsreisende anlockte. Der Anteil an **internationalen Besuchern** lag bei 19 % (2016) bzw. 5,7 Mio. Menschen, davon gut 3 Mio. aus Übersee und 213.000 aus Deutschland. Die Zahlen werden jedoch durch die Tatsache verfälscht, dass lediglich Gäste erfasst wurden, die auf dem McCarran International Airport gelandet sind, nicht aber Rundreisende, die lediglich einen Stopp in Las Vegas eingelegt haben.

Mit über **150.000 Hotelzimmern** verfügt Las Vegas über mehr Betten als jede andere US-Destination. Viele Hotels bieten mehrere Tausend Zimmer, zu den größten gehören: MGM Grand LV, Wynn & Encore, Mandalay Bay und Venetian. Die durchschnittliche Zimmerauslastung liegt bei fast 85 % und der offizielle Durchschnittspreis für eine Übernachtung im Doppelzimmer bei $ 130. Der Tourismus sorgt in Las Vegas und im südlichen Nevada für über 400.000 Jobs, was fast die Hälfte aller zur Verfügung stehenden Arbeitsstellen ausmacht.

Vielseitiges Reiseziel

Heute möchte Las Vegas mehr sein als nur Hauptstadt des Glücksspiels. Immer noch stammen zwar über 40 % der Einnahmen aus dem *gambling*, doch glaubt man Umfragen, kommen rund 20 % der Besucher heute gar nicht mehr zum Spielen in die Stadt. Auch jene Zeiten sind vorbei, als Fahrgeschäfte *(rides)* und Abenteuer Familien anlocken sollten. Der **Unterhaltungsindustrie** (Shows) kommt inzwischen große Bedeutung zu, dazu lockt ein unglaubliches Angebot an **Spitzenrestaurants** immer mehr Gäste an. Statt überquellender 08/15-Billigbuffets sind heute Speisen weltbekannter Köche wie Alain Ducasse, Charlie Trotter, Emeril Lagasse, Mario Batali oder Todd English gefragt und essen zu gehen ist mittlerweile ebenso wichtig geworden wie der Besuch einer Show oder eines Konzerts. Ebenso schießen immer mehr **Shoppingmalls** aus dem Boden und exklusive Boutiquen und Läden sind zu Besuchermagneten geworden.

Die Möglichkeit, ganzjährig **Golf** spielen zu können, zieht weitere Urlauber an, ebenso wie ein anderer Trend: **Wellnesseinrichtungen und Spas** sowie fantastische **Poollandschaften** mit Wasserfällen und Wellen, „Swim-up Bars" und „Day Clubs". Nirgendwo gibt es derart exklusive und schicke **Bars und Nightclubs** wie in Las Vegas und **Shopping** – exklusive Designershops ebenso wie die Fabrikläden der Premium Outlet Malls – spielt heute eine weit größere Rolle als früher. Selbst für **Kultur** ist inzwischen gut gesorgt: Das MOB Museum und das Neon Museum sowie das Springs Preserve sind für Besucher ein Muss.

079lv Abb.: mb

Leuchtkraft bis ins All

Blickt man aus dem All auf den „Blauen Planeten", leuchtet Las Vegas heller als alle anderen Städte der Erde. Für die Leuchtkraft sind hauptsächlich die riesigen Casino-Komplexe verantwortlich. Das in Las Vegas alles größer, prächtiger und strahlender wurde, daran hatte ein gewisser **Kirk Kerkorian** (geboren 1917) nicht

Geldmaschine Las Vegas: die Skulpturengruppe „The Greenbacks" im Harrah's 7

Das „Who's who" von Las Vegas

Die Liste der Prominenten, die in Las Vegas einen Wohnsitz haben oder hatten, ist lang. Berühmtester Bewohner der Stadt dürfte ***Elvis Presley*** *gewesen sein, der 1969 während 57 Shows im „International" (heute: LVH) in Las Vegas sein Comeback feierte. Auch* ***Céline Dion*** *hat in Vegas an Berühmtheit zugelegt. Sie tritt heute noch wochenweise in der Stadt auf und wohnt dann auch hier. Ebenfalls berühmte (ehemalige) Einwohner sind Sammy Davis Jr., B. B. King, Jerry Lewis, Dean Martin, Carlos Santana, Frank Sinatra, Britney Spears oder Tina Turner.*

Entertainer, die in Las Vegas dauerhaft Wurzeln schlugen, waren beispielsweise die Deutschen ***Siegfried & Roy.*** *Zwischen 1990 und dem Unfall am 3. Oktober 2003 begeisterten die Zauberkünstler Siegfried Fischbacher und Roy Uwe Ludwig Horn das Publikum besonders mit ihren weißen Tigern und Löwen. Berühmt war auch* ***Liberace*** *– Wladziu Velantino Liberace (1919–1987) –, der als TV-Entertainer bekannt wurde, in Las Vegas wohnte und dem bis 2010 ein eigenes Museum gewidmet war.*

Wichtig für die Entwicklung der Stadt waren Männer wie ***Howard Hughes*** *(1905–1976). Der Unternehmer hatte ab 1967 mehrere Hotels in Las Vegas erworben und lebte im Penthouse des Desert Inn.*

Benjamin „Bugsy" Siegel *(1906–1947) dagegen war eine der legendären Figuren des organisierten Verbrechens. Er war 1945 in Las Vegas aufgetaucht und hatte mit dem Flamingo eines der berühmten Casinos bauen lassen.*

Ein moderner Immobilienmogul und Unternehmer ist ***Steve Wynn,*** *1942 in New Haven (Connecticut) geboren. Er hat mit seinen Bauten in den 1990er-Jahren die Renaissance des Strip entscheidend beeinflusst.*

Zu den „Zugereisten", die bleibenden Eindruck hinterließen, gehört ***Oscar Goodman*** *(geboren 1939), zwischen 1999 und 2011 Bürgermeister der Stadt. Ihm ist zu verdanken, dass Las Vegas zu einer vielseitigen Metropole geworden ist. In seinen Fußstapfen folgte Ehefrau* ***Carolyn Goodman.*** *Sie ist gegenwärtig noch Bürgermeisterin der Stadt.*

unerheblichen Anteil. Er baute einst die größten Hotels der Welt: 1969 das International (heute LVH) und 1973 das MGM (heute Bally's), das schon acht Monate nach einem verheerenden Brand 1980 neu eröffnete. Kerkorian, der sich 1986 aus Vegas zurückzog, hatte für neue Superlative gesorgt. Aus seinem Imperium ist **MGM Resorts International** entstanden und zu diesem Konzern gehören neben dem MGM Grand Casino-Hotels wie Bellagio, Circus Circus, Excalibur, Luxor, Mandalay Bay, The Mirage, Monte Carlo und New York-New York, außerdem das CityCenter.

Als zweiter Pionier setzte **Steve Wynn** (geboren 1942) 1989 mit dem Bau des Mirage neue Maßstäbe bezüglich Größe, Ausstattung und Entertainment. Er war es, der die allabendlichen Seeschlachten vor Treasure Island initiierte und erstmals den Cirque du Soleil engagierte. Inzwischen gehören zu Wynns Imperium u.a. das Golden Nugget, das

Auch die deutsche Tennislegende ***Steffi Graf*** *verschlug es nach Las Vegas. Schuld daran war Ehemann* ***Andre Agassi,*** *der 1970 in Las Vegas geboren wurde und hier aufgewachsen ist. Agassi war einer von sieben Spielern in der Tennisgeschichte, der alle vier Grand-Slam-Turniere mindestens einmal gewann, dazu 1996 olympisches Gold. Seit 2001 mit Graf verheiratet, lebt er mit ihr und zwei Kindern im Nobelviertel Lake Las Vegas im Osten der Stadt.*

Die Bandbreite der in Las Vegas geborenen Persönlichkeiten ist schillernd und reicht von den Brüdern ***Kurt*** *(geboren 1978) und* ***Kyle Busch*** *(geboren 1985) - zwei erfolgreichen Autorennfahrern (NASCAR) - über* ***Rick Harrison*** *(geboren 1965) und Familie, bekannt geworden durch eine TV-Serie über sein Pfandleihhaus in Downtown (s. S. 75), bis hin zu* ***Jenna Jameson*** *(geboren 1974), die man als „Queen of Porn" bezeichnet.*

Auch die Indie-Rockband ***The Killers,*** *die inzwischen höchst erfolgreich mehrere Alben - zuletzt 2017 „Wonderful Wonderful" - veröffentlicht hat, wurde 2002 in Vegas gegründet. Ihre Cover-Version des Country-Hits „Don't Fence Me In" (1934 von Cole Porter geschrieben) nutzt der Staat Nevada für seine Tourismus-Werbung.*

0291v Abb.: mb

☐ *Erinnerung an die legendären Raubtierdompteure Siegfried und Roy*

Treasure Island, das Bellagio sowie das Wynn & Encore. Mit den beiden Letztgenannten brachte er einen neuen Trend ins Rollen: Las Vegas als **Luxusdestination.** Der dritte große „Player" in Las Vegas ist **Caesars Entertainment Corporation.** (s. S. 24). Das 1937 unter dem Namen Harrah's entstandene Unternehmen betreibt nicht nur in Las Vegas Casino-Hotels, sondern z. B. auch in New Orleans, Reno oder Atlantic City. In Las Vegas verwaltet man neben dem namensgebenden Caesars Palace u. a. Harrah's, Paris Las Vegas, Flamingo, Rio, The LINQ und Bally's. **Boyd Gaming** schließlich vereint einige Downtown-Hotels und -Casinos unter seinem Schirm, z. B. Sam's Town, Suncoast, The Orleans, Gold Coast, California, Fremont Hotel und Main Street Station. Die **Las Vegas Sands Corporation** betreibt u. a. The Venetian und The Palazzo sowie das zugehörige Sands Expo at Venetian/Palazzo, ein Messe- und Tagungszentrum.

Hauptstadt des Glücksspiels

Obwohl das Glücksspiel inzwischen nicht mehr die einzige Einnahmequelle von Las Vegas ist, lassen die jährlich derzeit über 40 Mio. Besucher immer noch über 9 Mrd. Dollar in den Casinos. Gegenläufig zu der Propaganda der Stadt Las Vegas, die das alte Image als Hauptstadt des Glücksspiels ablegen möchte, glauben Fachleute an einen Aufwärtstrend, was Einkünfte aus dem „gambling“ angeht.

Heute stehen in Las Vegas einige der ***teuersten Casino-Komplexe der Welt,*** *u. a.: das Bellagio, das Venetian, das Encore, das Wynn und das CityCenter. Dabei waren die* ***Anfänge bescheiden:*** *In den 1930er-Jahren saßen gut gekleidete Gentlemen an den Spieltischen, während im Hintergrund der „Mob“, das organisierte Verbrechen, die Fäden zog.*

In den frühen 1970er-Jahren waren nur noch einige davon übriggeblieben, z. B. ***Gentlemen Gambler*** *wie Abe Schiller, der sich selbst „Cowboy Jew“ nannte und stets mit Anzug und Stetson auftrat, oder Benny Binion, legendärer Texas Cowboy Gambler und bekannter Geschichtenerzähler. Ihre Wurzeln reichten in die Tage des Wilden Westens zurück, als solche Berufsspieler – auch legendäre Figuren wie Doc Holliday oder Wild Bill Hickock – in den Saloons Cowboys, Minenarbeiter und Goldsucher zum Spielen animierten.*

Heute sind es gewiefte Geschäftsleute bzw. Konzerne, die die Casinos leiten und sich auf ***Maschinen und Computer*** *verlassen. Ein unübersehbares Zeichen, dass sich viel verändert hat, ist die Tatsache, dass es keine Mün-*

030lv Abb.: mb

zen und Plastikbecher mit dem Logo des Casinos mehr gibt, sondern Chipkarten, und dass viele Spiele ohne „lebendigen“ Groupier am Computerbildschirm ablaufen. Hauptattraktion sind immer noch die Glücksspielautomaten, moderne, computergesteuerte Nachfolger der legendären „einarmigen Banditen“, die sich bei Einwurf von einem Cent bis zu mehreren Dollars in Betrieb setzten.

In Las Vegas sind ***bestimmte Casinos*** *in Spielerkreisen bekannt, z. B. das El Cortéz als Hochburg des Blackjack, das Aria für Poker in allen Varianten und das Bellagio ist beliebt bei Craps-Spielern. Die wichtigsten* ***Glücksspiele im Überblick:***

- ***Baccara,*** *Kartenspiel, bei dem man Karten zieht, um nahe an die Zahl 9 heranzukommen*
- ***Black Jack,*** *sehr beliebt, hierzulande besser bekannt als „17+4“*
- ***Bingo,*** *besonders bei der älteren Generation beliebtes Lotteriespiel*
- ***Craps*** *oder* ***Seven Eleven,*** *ein Würfelspiel, bei dem man den Wert 7 oder 11 erreichen muss*
- ***Keno,*** *chinesisches Lotteriespiel, vergleichbar mit Bingo*
- ***Pai Gow Poker,*** *Kombination aus chinesischem Pai Gow (eine Art Domino) und klassischem Poker*
- ***Poker: Five Card Stud*** *– traditionelles Poker – wurde in den Casinos großteils durch das* ***Seven Card Stud*** *verdrängt. Letzteres ist zusammen mit* ***Texas Hold'em*** *und* ***Omaha Hold'em*** *die beliebteste Poker-Variante. Dagegen spielt man bei* ***Let it ride*** *bzw.* ***Easy Poker*** *wie auch bei der Variante* ***Tropical (Caribbean) Stud*** *nicht gegeneinander, sondern gegen das Casino.*
- ***Roulette,*** *Einsätze auch in Bargeld möglich, ein- bis 35-facher Einsatz als Gewinn*
- ***Sportwetten*** *auf Pferderennen u. a. Sportveranstaltungen – vor großen Bildschirmen sitzend, verfolgt man die Ereignisse und wettet darauf.*
- ***Interaktive Spiele*** *bzw.* ***Videospiele,*** *darunter Video Poker, gibt es schon seit den 1980er-Jahren.*

⊼ Immer noch Hauptattraktion in den Casinos: Spielautomaten

⊲ Ein Teil des antikisierenden Caesars Palace **11** *ist ein riesiges Casino*

„It's a desert out there" – Umwelt, Wasser und Energie in Las Vegas

Angesichts des enormen Energieaufwands und Wasserbedarfs scheint es mit dem Umweltschutz und der Nachhaltigkeit in Las Vegas auf den ersten Blick nicht weit her zu sein. Doch bei genauem Hinsehen bemüht sich die Stadt redlich und ist überraschend zukunftsweisend in Sachen Umweltschutz und Energie- bzw. Wassereinsparung.

Das „grüne" Vorzeigeobjekt der Stadt ist die **Springs Preserve** (30), eine Mischung aus Museum, Botanischem Garten, Naturpark und vor allem ein Vorbild in Sachen Energie- und Wassereinsparung. Ein Großteil der Energie (75 %) stammt dort von Sonnenkollektoren auf den Dächern des Parkplatzes und viele der Gebäude haben eine Platinum LEED Certification, die höchste Auszeichnung für umweltbewusstes Bauen, erhalten.

Während es bei öffentlichen Projekten im Allgemeinen gut aussieht, hat es in Las Vegas den Anschein, dass eher im Privatbereich noch viel zu tun ist. So wird Sonnenenergie noch zu wenig genutzt und auch die Gewinnung von Windenergie steckt noch in den Kinderschuhen. Immerhin nimmt die Zahl der Sonnenkollektoren im großen Stil zu: Bei **ACCIONA's Nevada Solar One** in Boulder City befindet sich die drittgrößte Solarkraftanlage der Welt, die 15.000 Haushalte mit Strom versorgt.

Das Hauptaugenmerk liegt derzeit auf **Land and Water Conservation.** Planloses Wuchern des Siedlungsgebiets soll gestoppt und der Wasserverbrauch eingeschränkt werden. Nachdem bereits zu Beginn des 20. Jh. die einst üppig sprudelnden Quellen im Las Vegas Valley fast zum Austrocknen gebracht worden waren, nutzt man heute zu 90 % den zum **Lake Mead** aufgestauten Colorado River als Wasserressource. Seit dem Jahr 2000 ist dort der Wasserspiegel jedoch um fast 30 m gesunken und obwohl in den letzten Wintern stärkere Schneefälle in den Rocky Mountains die Lage wieder etwas entspannt haben, ist sparsamer Umgang mit Wasser angesagter denn je.

„It's a desert out there. Be water smart!" – unter diesem Motto versucht der **Las Vegas Valley Water District** (LVVWD) Bewohner des Las Vegas Valley zum Wassersparen zu animieren. Es gelten strenge Regeln für das Wässern von Außen- und Gartenanlagen, aber auch für das Sammeln von Abwasser. Wer an das öffentliche Wasser- und Abwassersystem angeschlossen ist, akzeptiert automatisch die von der LVVWD aufgestellten Regeln, z. B. das Verbot, von Mai bis Oktober zwischen 11 und 19 Uhr zu wässern. Zuwiderhandlungen haben Geldstrafen, übersandt mit der Wasserrechnung, zur Folge. Bei grober Fahrlässigkeit oder schlechter Zahlungsmoral wird das Wasser sogar einfach abgestellt. Auf diese Weise soll bis 2035 der Verbrauch unter 750 l pro Einwohner und Tag (vgl. Deutschland: ca. 122 l; USA-Durchschnitt: ca. 300 l) reduziert werden. Als man 2002 das Projekt initiierte, lag der Verbrauch bei 1190 l, derzeit bei rund 840 l. Dabei sind nicht die Hotels die Hauptverschwender, sondern Privathaushalte: Die Hotels betreiben großteils geschlossene Wasserkreisläufe.

032lv Abb.: mb

Gerade in der **Architektur** hat sich in den letzten Jahren viel getan, man baut zunehmend „grün“ und **LEED-Zertifizierungen** (LEED = Leadership in Energy and Environmental Design) durch das U.S. Green Building Council häufen sich. Kriterien für die begehrte Auszeichnung sind z. B. Energiesparmaßnahmen durch klug konstruierte Fenster, Klimaanlagen oder energiesparende Beleuchtung bzw. der Einsatz von möglichst viel natürlichem Licht und Luftzirkulation. Dazu zählen auch Wassereinsparung und Recycling sowie sinnvolle Bepflanzung der Außenanlagen.

2012 eröffnet, erhielt das **Smith Center for the Performing Arts** 26 eine Gold-LEED-Auszeichnung. Der **Symphony Park**, in dem sich der Kulturkomplex befindet, gilt als Pilotprojekt für einen „Green Neighborhood“ und erhielt dafür ebenfalls LEED Gold. Platin, die höchste und nur selten vergebene Auszeichnung, wurde dem Nahverkehrsknotenpunkt **RTC Bonneville Station** (101 E Bonneville Ave.) verliehen. Erneuerbare Energie aus Fotovoltaikzellen, Wassereinsparung an WC-Spülungen und eine Fahrradstation sind u. a. vorbildlich.

Das mit 1,5 Mio. m² flächenmäßig größte LEED-Projekt weltweit ist das **CityCenter** 15. Stolz sind die Betreiber auf gleich mehrere LEED-Gold-Zertifikate: Das **Aria Resort and Casino** war das erste (und gegenwärtig größte) Las-Vegas-Hotel mit Gold-Auszeichnung. Die gleiche Auszeichnung holten das **Vdara Hotel & Spa** (dazu rauchfrei und ohne Casino), die **Veer Towers** – Wohntürme, die auf natürliches Licht und Luftzirkulation bauen und spezielles Glas sowie technisch

⌃ *Zugunsten der Umwelt: das „grüne“ Dach auf dem Hotel Aria (s. S. 126)*

033lv Abb.: mb

☐ *Ein eindrucksvolles Beispiel von Ingenieurskunst: der Hoover Dam* 36

wegweisenden Sonnenschutz an den Fassaden zur Verringerung des Energiebedarfs einsetzen – und das Shopping-Center **Crystals.** Das **Mandarin Oriental** wurde ebenfalls mit Gold ausgezeichnet.

MGM Resorts International, unter dessen Leitung die genannten und etliche andere Hotels stehen, setzen auf ein „Green Key Eco-Rating Program“ und „Green Teams“. Auch andere Hotels bemühen sich um „grünen Betrieb“, z.B. **Boyd Gaming** mit Solar-Wassertanks, Energiesparlampen und einer umweltfreundlichen Wäscherei (LEED Silber) oder das **Encore Las Vegas,** das Beleuchtungskontrolle bei Nacht, Lebensmittelrecycling und Nutzwasser zur Bewässerung der klimaangepassten Pflanzen betreibt. **Caesars Entertainment** brüstet sich mit Energiesparmaßnahmen zur Verringerung des CO2-Ausstoßes und das **Venetian** wurde mit Gold LEED ausgezeichnet; das zugehörige Palazzo mit Silber. Abgesehen von Wasser- und Energieeinsparung wird das Recycling von Müll und Lebensmitteln in Las Vegas groß geschrieben und es gibt hier das größte Erdwärmesystem in den USA, das für Pools, Spas etc. genutzt wird.

Auch der **Nahverkehr** (s. S. 128) soll weiter ausgebaut werden. Dabei erfüllen die beiden Buslinien des städtischen Verkehrsunternehmens RTC, „The Deuce“ und „SDX“, ihren Zweck schon jetzt hervorragend. Das Unternehmen fördert zudem Fahrgemeinschaften und Fahrradfahrer (z.B. durch kostenlosen Fahrradtransport außen am Bus oder das RTC Bike Center im Bonneville Transit Center) und betreibt eine neue mit Naturgas oder Hybrid-Fahrzeugen betriebene Busflotte. Seit 2009 steht mit Las Vegas Monorail zudem ein elektrisches Fortbewegungssystem auf vier Linien, ganz ohne Schadstoffausstoß, zur Verfügung.

PRAKTISCHE REISETIPPS

005lv Abb.: mb

An- und Rückreise

Reiseplanung und Flüge

Nonstopflüge nach Las Vegas bietet von Deutschland aus **Condor** an (von Frankfurt) – ganzjährig So., Di. und Do., von Mai bis Oktober auch freitags. Es gibt Zubringerflüge (Lufthansa) von den meisten deutschen und europäischen Flughäfen, auch aus Österreich (Graz, Linz, Innsbruck, Wien, Salzburg) und der Schweiz (Basel, Genf, Zürich). Auch **Eurowings** fliegt von April bis Oktober drei- bzw. zweimal wöchentlich ab Köln-Bonn und München nach Las Vegas. Es gibt Zubringer von vielen anderen Städten. **Edelweiss** (www.edel weissair.ch), ein Schwesterunternehmen der Swiss International Airlines, bietet montags und freitags Nonstopflüge von Zürich nach Las Vegas (Zubringerflüge mit SWISS von mehreren deutschen Städten). Andere Fluggesellschaften legen mindestens einen Zwischenstopp ein.

Die **Flugzeit** nach Las Vegas beträgt rund 11½ Stunden. Je nach Saison beginnen die **Preise** bei etwa 650 €. Bei Brokern oder Sonderangeboten einzelner Fluggesellschaften kommt man mit Zwischenstopp oft etwas günstiger weg. Am teuersten ist die **Hauptreisezeit** Juni bis September. Da der Großteil der Umsteigeverbindungen am Abend in Las Vegas landet und die **Zeitverschiebung neun Stunden** beträgt, lassen sich die Auswirkungen des **Jetlag** beim Hinflug weitgehend vermeiden. Die Tage nach der Rückkehr bereiten in der Regel größere Probleme, da man übermüdet am Morgen oder Vormittag zu Hause ankommt.

⊡ Schon am modernen McCarren Airport gibt es Gelegenheit zum Spielen

⊡ Vorseite: Das Neonschild eines Motels nahe dem Stratosphere Tower ist ein Relikt alter Zeiten

Ankunft am Flughafen

Der **McCarran International Airport** – abgekürzt LAS – befindet sich am Südende des Strips (S. Las Vegas Blvd.) und ist je nach gewählter Fahrtroute und Lage der Unterkunft rund 5 bis 10 km bzw. je nach Verkehrslage 15 bis 20 Minuten von den meisten Hotels am Strip entfernt. Nach Downtown betragen Entfernung und Zeitaufwand etwa das Doppelte. LAS zählt zu den größeren Flughäfen in den USA und ist u. a. Drehkreuz von Southwest Airlines. Der Flughafen besteht aus **mehreren Terminals**, die durch eine Magnetbahn miteinander verbunden sind: Der größte ist **T 1** mit den Gates A, B und C und der Gepäckausgabe sowie Shops, Lokalen und einem **Satellitenterminal** (D Gates – Delta, Southwest, US Airways, United u. a.). **T 3** (Ticketing und E Gates) wird v. a. ausländischen Gesellschaften wie British Airways, Condor oder Air Canada genutzt. Hier befinden sich auch Zoll und Immigration sowie ein Duty Free Shop. In der Empfangshalle des Flughafens wird man nicht nur von Spielautomaten willkommen geheißen, sondern es gibt auch – verteilt auf verschiedene Orte, aber schwerpunktmäßig auf Level 2/ Terminal 1 – Ausstellungsstücke des **Howard W. Cannon Aviation Museum**, die über die Geschichte des Fliegens in Nevada informieren, zu sehen.

•**149** [cj] **McCarran International Airport**, 5757 Wayne Newton Blvd., Tel. 702 2615211, www.mccarran.com

Vom Flughafen in die Stadt

Busse

Shuttlebusse zu Wunschhotels verkehren ab Terminal 1 (door #8) und 3 (door #53/57), gekennzeichnet mit „Ground Transportation". Die Fahrt kostet mit Airport Shuttle oder Super-Shuttle hin und zurück pro Passagier $ 15 (Stand: Winter 2017/2018) und ist auch online buchbar:

› www.bestairlineshuttle.com, www.shuttlelasvegas.com

Preiswerter ist der **öffentliche Nahverkehr** (RTC, Abfahrt: Terminal 1, Level Zero, s. S. 128). Die Buslinien 108 und 109 fahren für $ 2 nach Downtown, Nr. 109 hält auch am South Strip Transfer Terminal (SSTT). Dort kann man in einen Bus von The Deuce (24 Std., Stopp an fast jedem Hotel bis Fremont Street Experience im Norden) oder SDX (weniger Stopps, tgl. 9–0.30 Uhr, bis Las Vegas Premium Outlets – North/Government Center) umsteigen, um zum Strip zu gelangen. Wer in SDX- oder Deuce-Busse umsteigt, muss ein 2-Stunden-Ticket zu $ 6 (bzw. $ 8 für ein Tagesticket) kaufen; diese Tickets beinhalten auch die „normalen" Buslinien.

Die schnellste Verbindung, die allerdings meist ebenfalls Umsteigen erfordert, bietet der **Westcliff Airport Express** (**WAX**, $ 2). Er verkehrt tgl. von ca. 5 bis 24 Uhr in unterschiedlicher Frequenz (v. a. an Wochenenden seltener) zwischen Flughafen und Suncoast Hotel & Casino mit Stopps am Strip (Ecke Tropicana Ave., Umsteigen in SDX oder Deuce möglich) und in Downtown (Las Vegas Premium Outlets – North/Government Center, Bonneville Transit Center, Fremont Street).

› www.rtcsnv.com/transit/getting-to-mccarran-airport

Taxis

Eine Taxifahrt vom/zum Flughafen kostet je nach Lage des Hotels am Strip zwischen $ 17 und $ 30 und lohnt sich meist schon ab zwei Personen. Fahrten zu Hotels am South Strip (z. B. Luxor, Tropicana, New York-New York oder MGM) sind preiswerter als zu jenen am North Strip (z. B. Mirage, Venetian, Wynn oder Circus Circus). Eine Fahrt nach Downtown (Fremont Street) kostet etwa $22 bis $27. Jeweils dazuzurechnen sind Trinkgeld (ca. 15 %) und Nacht- sowie Sondergepäckzuschläge.

Mietwagen

Es gibt südlich des Flughafens ein Zentrum für Mietwagenfirmen, das **McCarran Rent-A-Car Center** (7135 Gilespie St.), das von gekennzeichneten blau-weißen Shuttlebussen („McCarran Rent-A-Car Center") von T 1 („Ground Transportation", Level 1, Doors 10–11) und T 3 (Baggage Claim, Level Zero, West Doors # 51–54, East Doors # 55–58) aus angefahren wird und rund um die Uhr geöffnet ist. Das Center befindet sich direkt an der I-215 (Exit 11) und diese Autobahn führt westwärts auf die I-15 und von dort nordwärts nach Downtown. Der S. Las Vegas Blvd. liegt nur einen Block westlich und führt nordwärts zu den Hotels am Strip.

055lv Abb.: mb

Autofahren

Wer es einrichten kann, sollte Las Vegas entweder als ersten oder letzten Punkt auf einer Rundreise einplanen und sich so ein Auto sparen. Es ist nämlich aus verschiedenen Gründen sinnvoll, in der Stadt **auf ein Auto zu verzichten** und den **Nahverkehr** (s. S. 128) zu nutzen. Man schont die Nerven und spart Zeit.

Obwohl die meisten der riesigen **Parkgaragen** der Hotels am Strip nicht allzu teuer sind (meist 1. Std. frei), dauert es oft lange, bis man einen Parkplatz (und später wieder sein Auto) gefunden hat und dazu sind häufig endlose Wege zwischen Parkplatz und Hotel zurückzulegen.

In Downtown gibt es eher noch preiswerte oder sogar **kostenlose Parkplätze**, auch im Freien, z. B. gegenüber dem Main Street Station Hotel (Zufahrt E. Stewart Ave.). Meist muss das Parkticket in einem Casino entwertet *(validated)* werden. Eine genaue Beschreibung der verschiedenen (Hotel-)Parkhäuser und Preise gibt es unter:

› www.vegas.com/transportation/parking-garages

Falschparken kommt teuer und Parkuhren *(meters)* werden kontrolliert. Vor allem darf niemals in der Nähe von Hydranten oder in Tow-Away- bzw. No-Parking-Zonen geparkt werden. Strafzettel können ggf. auch online beim Clark County Justice Courts bezahlt werden.

‹ Die Springs Preserve (30) bietet Parkplätze mit schattenspendenden Solarzellen

Der meist rund um die Uhr **rege Verkehr** und die langen, nicht aufeinander abgestimmten Rotphasen der Ampeln entlang den Hauptachsen (v.a. Las Vegas Blvd./Strip) und auf der Autobahn I-15 macht das Vorankommen oft zäh und auch die Orientierung (wo ist die richtige Zufahrt zu den riesigen Hotelkomplexen?) ist nicht immer ganz einfach.

Der **Benzinpreis** liegt gegenwärtig im Großraum von Las Vegas bei etwa $ 2,70/*gallon* (Stand Winter 2017/2018).

Barrierefreies Reisen

Die USA sind insgesamt ein **gutes Reiseziel** für Menschen mit Behinderung (*handicapped* oder *disabled people*). Ausgewiesene Parkplätze, Aufzüge und Fußwegabsenkungen sind üblich, ebenso Mietwagen mit behindertengerechten Einrichtungen. Barrierefreie Hotelzimmer sind in der Spielerstadt, die auch zuhauf Senioren anzieht, in großer Zahl vorhanden, oft gibt es auch spezielle Pools oder ähnliche Einrichtungen und die meisten Casinos sind mit Rollstühlen gut zugänglich.

Der **Nahverkehr** in Las Vegas ist modern und daher gut ausgestattet, z.B. mit Aufzügen an Haltestellen und mit Neige-Bussen. Nicht verallgemeinert werden kann die Situation bei **Restaurants:** Nicht alle sind einfach zugänglich und auch bei **Showtheatern** müssen zwar laut Gesetz besondere Plätze zur Verfügung stehen, wo sich diese jedoch befinden, ist höchst unterschiedlich.

Allgemeine Infos erhält man bei:

› **SATH,** Society for Accessible Travel & Hospitality, Tel. 212 4477284, www.sath.org

Konkretere Informationen bieten die folgende Websites:

› http://travelpros.visitlasvegas.com/travel-professionals/agent-tools/special-needs-visitors
› https://wheelchairtravel.org/las-vegas

Sehbehinderte Personen können sich an folgende Stelle wenden:

› **Blind Center of Nevada,** 1001 N. Bruce St., Tel. 702 6426000, http://blindcenter.org

Diplomatische Vertretungen

Die ausländischen Botschaften und Konsulate im Heimatland sind in erster Linie für die Erteilung von Visa zuständig. Ein solches benötigt der „Normalreisende“ allerdings nicht (s. S. 106).

Es gibt Amerikanische Botschaften in Berlin, Wien und Bern sowie Generalkonsulate in Frankfurt und München. Infos und Adressen dazu finden sich unter:

› https://de.usembassy.gov/de/die-botschaft-und-die-konsulate

Im Notfall unterstützen einen die (Honorar-)Konsulate in Las Vegas.

•150 [C4] **Deutsches Honorarkonsulat,** c/o Morris Law Group, 411 E. Bonneville Ave., Suite 360, Las Vegas, NV 89101, Tel. 702 7598302

•151 [df] **Österreichisches Honorarkonsulat,** 8215 S. Eastern Ave, Suite 205, Las Vegas, NV 89123, Tel. 702 7065180

•152 **Schweizer Honorarkonsulat,** 1861 Casa De Elegante Court, Las Vegas, NV 89117, Tel. 702 8857947

Ein- und Ausreisebestimmungen

Einreiseformalitäten

Dank des **Visa Waiver Program** (VWP) ist ein Visum für Staatsbürger von Teilnehmerländern wie Deutschland, Österreich und Schweiz bei einem Aufenthalt von max. 90 Tagen und Vorlage eines Rückflugtickets nicht nötig. Besucher müssen im Besitz eines maschinenlesbaren Reisepasses sein, der mindestens noch die gesamte Aufenthaltsdauer lang gültig ist. Auch Kinder benötigen einen eigenen Pass.

Reisende, die sich nach dem 1.3.2011 in **Iran, Irak, Syrien, Sudan, Libyen, Jemen und Somalia** aufgehalten haben, sollten Kontakt mit der zuständigen US-Vertretung in Deutschland aufzunehmen, um eventuell ein US-Visum zu beantragen.

Seit 2009 müssen sich alle Bürger, auch Kinder, die ohne Visum einreisen, spätestens 72 Std. vor Abflug online registrieren lassen (Electronic System for Travel Authorization – **ESTA**). Dieser Vorgang kostet einmalig den aktuellen Gegenwert von $ 14 und wer einmal registriert ist, kann innerhalb von zwei Jahren mehrfach einreisen, sofern der Pass gültig ist. Die Registrierung erfolgt im Reisebüro oder im Internet auf folgender Website:

› https://de.usembassy.gov/de/visa/esta (deutsche Erläuterungen und Link zum Antrag) bzw. https://esta.cbp.dhs.gov/esta

Gefordert werden prinzipiell dieselben Angaben wie auf dem früher verteilten grünen I-94W-Formular zur Befreiung von der Visumspflicht: Name, Geburtsdatum, Adresse, Nationalität, Geschlecht, Passdetails, erstes Hotel, Zweck und Dauer der Reise etc.

Außerdem benötigen die Fluggesellschaften seit November 2010 im Rahmen von **Secure Flight** 72 Stunden vor Abflug alle maßgeblichen Passagierdaten zur Weiterleitung an die TSA (Transportation Security Administration): voller Name gemäß Reisepass, Geburtsdatum, Geschlecht. Normalerweise werden diese Angaben bereits bei der Flugbuchung gemacht. Die erste Adresse in den USA inklusive Postleitzahl kann beim Check-in nachgereicht werden.

Wer länger als 90 Tage im Land bleibt – zum Beispiel zum Studieren oder Arbeiten – oder Staatsbürger eines Landes ist, das nicht am VWP teilnimmt, muss sich ein **Visum** beschaffen.

› **Infos:** https://de.usembassy.gov/de/visa, www.auswaertiges-amt.de

Einverständniserklärung für Minderjährige

Reisen Kinder nur mit einem Elternteil, kann sowohl bei der Ausreise als auch bei der Einreise eine Einverständniserklärung des anderen Elternteils erforderlich sein. Detailinfos erhält man beim Auswärtigen Amt bzw. beim zuständigen Konsulat.

Einreisekontrolle

Am Immigration Counter des ersten Flughafens in den USA wird der Pass gescannt und es werden Fragen zu Reiseroute, Zweck der Reise, Reisebudget, Beruf, Bekannten oder Freunden in den USA gestellt. Es werden tintenlose Fingerabdrücke genommen und es wird ein Foto gemacht, ehe es den Stempel mit einer auf normalerweise drei Monate festgelegten Aufenthaltsdauer gibt. Der Vorgang selbst dauert nur wenige Minuten, lediglich die Warteschlangen vor den Schaltern können gelegentlich lang sein. An vielen großen Flughäfen, so auch in Las Vegas, gibt es neuerdings Automaten zur **Automated Passport Control (APC)**. Besucher mit ESTA-Registrierung (die schon einmal mit ESTA und dem betreffenden Reisepass engereist sind) können diese Geräte nutzen und sind damit meist viel schneller.

Infos zu aktuellen Einreisebestimmungen findet man im Internet:

- www.cbp.gov/travel – U.S. Customs and Border Protection, Infos zu Einreise und Zoll; zu APC siehe www.cbp.gov/travel/us-citizens/apc

Zoll

Im Flugzeug werden (noch) weiße Zollerklärungen *(customs forms)* verteilt, auf denen anzugeben ist, ob und welche Waren mitgeführt werden. Wer an ESTA teilgenommen hat und an einem Flughafen mit **Automated Passport Control** einreist, muss keine Zollerklärung mehr ausfüllen.

Eine Devisenbeschränkung existiert nicht, lediglich Summen über $ 10.000 müssen deklariert werden. Die **Einfuhr** tierischer/pflanzlicher Frischprodukte/Lebensmittel sowie von Samen/Pflanzen, außerdem von Klappmessern u.a. gefährlichen Objekten **in die USA** ist verboten. Bei Medikamenten in größeren Mengen empfiehlt es sich, ein ärztliches Attest mitzuführen, da die Einfuhr von Rauschmitteln untersagt ist.

- **Weitere Details:** www.cbp.gov/travel

Bei der **Rückreise nach Europa/in die Schweiz** dürfen Waren für den persönlichen Gebrauch (über 15-Jährige) bis zu 430 € bzw. CHF 300 eingeführt werden. Weitere Details zu **Einfuhrbestimmungen** sind bei den Zollämtern bzw. auf deren Websites zu erfahren:

- **Deutschland:** www.zoll.de
- **Österreich:** www.bmf.gv.at
- **Schweiz:** www.ezv.admin.ch

Elektrizität

In den USA gibt es Wechselstrom von **110/120 V**, daher müssen mitgebrachte Geräte wie Föhn oder Rasierapparat umstellbar sein. Wegen der anderen Steckdosenform ist außerdem ein **Adapter** nötig, den man am besten von zu Hause mitbringt bzw. in einem Flughafenshop oder Elektronikgeschäft vor Ort kauft.

Geldfragen

Kreditkarten und Reiseschecks

Das Zauberwort in Amerika heißt **credit card** (CC), wobei Mastercard und Visa die gebräuchlichsten sind. Selbst Kleinstbeträge werden mit Kreditkarte bezahlt und sie ist nötig, um Kaution (z.B. für den Mietwagen) zu hinterlegen bzw. eine Buchung zu garantieren. Für das bargeldlose Zahlen werden ca. 1–2 % des Betrags für den Auslandseinsatz berechnet, **Bargeld am Automaten** (ATM – Automatic Teller Machine) zu ziehen, kostet je nach Bank und Karte bis zu 5,5 % Gebühr. Immer häufiger wird auch in den USA bei Bezahlung mit Kreditkarte die Eingabe einer **PIN-Nummer** verlangt.

Viele Banken sperren die **Debit- (EC-)Karten** aus Sicherheitsgründen für den **Einsatz im außereuropäischen Ausland** oder beschränken

Las Vegas preiswert

__Coupons__ heißt das Zauberwort in Las Vegas. Es gibt sie z. B. zum Ausdrucken unter:

- *www.travelvegas.com/coupons*
- *www.smartervegas.com*
- *http://bestvegasattractions.com/attractions*
- *www.vegas4locals.com/coupons*

Mit der __Dining Card__ für $ 5 von __TIX-4Tonight__ (www.tix4tonight.com/vegas-dining-card, s. S. 67) erhält man in den teilnehmenden Restaurants einen Rabatt von bis zu 50 %.

Mit __Showtickets__ sind oft Discounts in Casino-Restaurants verbunden und beim Einchecken im __Hotel__ gibt es meist gleich eine Handvoll Rabattcoupons. Während der __Happy Hours__ gibt es Drinks und oft auch Häppchen zu günstigen Preisen. Empfehlenswerte __Casino-Buffets__ finden sich auf Seite 64, oft gibt es auch „Early Dining" (ca. 16–18 Uhr), z. B. im Steak House des Circus Circus 2.

Beim __öffentlichen Nahverkehr__ lohnt sich der Kauf einer der günstigen (Mehr-)Tageskarten (s. S. 128).

Nicht alle __Casino-Attraktionen__ kosten Geld. Frei zugänglich sind z. B. Bellagio Conservatory & Botanical Gardens und Fountains of Bellagio (Bellagio 13), Circus Acts (Circus Circus 2), Flamingo Wildlife Habitat (s. S. 22) und Volcano at The Mirage 6.

den Verfügungsrahmen. Während **Maestro-Karten** weltweit genutzt werden können, kann mit den von vielen deutschen Banken ausgegebenen **VPAY-Karten** an Bankautomaten in den USA kein Geld gezogen werden, da die Automaten die Chips nicht lesen können. Wer in den USA mit Debit-Karte Geld abheben oder bezahlen möchte, sollte sich bei seiner Bank erkundigen und die Karte ggf. freischalten lassen.

Beim Abheben von Bargeld wird manchmal die Abrechnung in Euro angeboten (**Dynamic Currency Conversion**). Meist ist jedoch wegen des ungünstigeren Wechselkurses eine Abbuchung in Dollar vorzuziehen, da dann der offizielle Devisenkurs gilt.

Bargeld

Bargeld ist nur in wenigen Fällen nötig, etwa an Automaten (v. a. Quarter-Münzen). Selbst in Supermärkten kann mit Kreditkarte bezahlt werden. Es ist prinzipiell auch kein Problem, in einer Bank oder (schneller) in einer Filiale von American Express, Change Group oder Travelex Euros oder Reiseschecks umzuwechseln, allerdings ist der Kurs oft ungünstig und es fallen Gebühren an. Die amerikanische **Währungseinheit** ist der **US-Dollar:** $ 1 (one „buck") besteht aus 100 Cent.

- **Münzen:** Penny (1 c), Nickel (5 c), Dime (10 c), Quarter (25 c)
- **Banknoten** gibt es im Wert von $ 1, 5, 10, 20, 50, 100, 500 und 1000

Preise und Kosten

Die **Hotelkosten** in Las Vegas sind verhältnismäßig niedrig, speziell, wenn man vorab (und bei Brokern) bucht. Was die **Verpflegung** angeht, kommt man im Allgemeinen ebenfalls preiswert weg – mit Ausnahme der Toplokale –, auch wenn die Zeiten der supergünstigen „Fressbuffets" vorbei sind. **Coupons** (siehe links) schonen den Geldbeutel noch zusätzlich. Auch bei Shows zahlt man selten den vol-

Wechselkurse
(Stand: Januar 2018)
$ 1 = 0,83 €/0,97 SFr
1 € = $ 1,20
1 SFr = $ 1,03

len Preis. Für den öffentlichen **Nahverkehr** lohnen Tages- bzw. Mehrtagestickets (s. S. 128). An **Eintrittskosten** wird das Reisebudget nicht allzu sehr belastet, da es nicht viele Museen gibt, andererseits sind die Casino-Attraktionen eher teuer.

Informationsquellen

Informationen zu Hause

- **Las Vegas Convention & Visitors Authority,** AVIAREPS Tourism GmbH, Josephspitalstr. 15, 80331 München, Tel. 089 5525 33822, www.visitlasvegas.de
- **Nevada Commission on Tourism** (NCOT), Adresse wie oben, Tel. 089 5525 33404, www.travelnevada.com oder www.travelnevada.de

Infostellen in der Stadt

153 [ch] **Las Vegas Visitor Information Center,** 3150 S. Paradise Rd., Tel. 702 892775, 1 877 8474858 (gratis), www.visitlasvegas.com, Mo.–Fr. 8–17.30 Uhr. Infos und Hilfe bei der Hotelsuche, nahe Convention Center (SDX- und Monorail-Station).

Die Stadt in Print und Internet

Da die meisten Stadtmagazine und Werbehefte inzwischen auch (meist aktuellere) Websites besitzen, seien nachfolgend die wichtigsten zusammenfassend kurz beschrieben. Deutsche Zeitungen sind abgesehen vom Flughafen nur selten in Las Vegas zu finden und wenn, dann sind sie älteren Datums.

- **Las Vegas, www.lasvegas.com** – Top-Seite für Schnäppchen wie Hotels, Showtickets und Attraktionen, auch als Gratis-Wochenmagazin erhältlich
- **Where Las Vegas, www.wheretraveler.com/las-vegas** – Monatsheft, frei ausliegend, dazu „QuickGuide Las Vegas", die Kurzfassung im handlichen Taschenbuchformat mit „Top 10 Picks".
- **Las Vegas Magazine, http://lasvegasmagazine.com** – von der Tageszeitung Las Vegas Sun herausgegebenes Gratisheft mit Schwerpunkt auf Nightlife, Klubs, Shows, aber auch Dining, Shopping, Attractions sowie Coupons. Die alle zwei Wochen erscheinende Kurzversion heißt **Vegas 2Go,** mit ausführlichem Veranstaltungskalender für jeden Tag.
- **Las Vegas Weekly, http://lasvegasweekly.com** – gratis, Kalender, Rubriken wie „News" oder Blog und Features; etwas mehr Backgroundinfos statt nur Adressen
- **Vegas Seven, http://vegasseven.com** – Gratiswochenmagazin, neben den üblichen Rubriken mehr Hintergrund und Lesegeschichten.
- **Las Vegas Chatter, www.cntraveler.com/destinations/las-vegas?src=vegaschatter** – VegasChatter ist ein täglich aktualisiertes News-Forum. In Stories und Blogs geht es um die aktuellen Veränderungen in der Stadt, um neue Trends, Neueröffnungen, Schließungen und Empfehlungen.
- **https://vegas.eater.com** – Eater Vegas ist eine immer aktuelle Seite zu Restaurants und kulinarischen Entwicklungen aller Art, mit Karten.
- **www.caesars.com/las-vegas,** Website von Caesars Entertainment mit ausführlichen Infos v. a. zu den aktuellen Angeboten ihrer Hotels.

Unsere Literaturtipps

- ***Matthew O'Brien,*** *geboren in Washington DC und aufgewachsen in Atlanta, lebt seit 1997 in Las Vegas und lehrt Englisch an der UNLV. In seinem Debütroman „Beneath the Neon: Life and Death in the Tunnels of Las Vegas" (2007) schildert er eindrucksvoll die unterirdische Kanalwelt von Las Vegas jenseits von Glitzer und Glamour – eine Parallelwelt der Tunnelbewohner. Auch in seinem zweiten Buch „My Week at the Blue Angel: And other Stories from the Storm Drains, Strip Clubs, and Trailer Parks of Las Vegas" (2010) geht es in einzelnen Geschichten um die Kehrseiten von Las Vegas.*
- ***Hunter S. Thompson*** *macht sich in seinem autobiografischen Reiseroman „Fear and Loathing in Las Vegas: A Savage Journey to the Heart of the American Dream" (1971; deutsch „Angst und Schrecken in Las Vegas", 2005; 1998 mit Johnny Depp verfilmt) über den „American Way of Life" ebenso lustig wie über die Hippies.*
- *Berühmt wurde der Roman „Leaving Las Vegas" (1990) von* ***John O'Brien*** *durch die Verfilmung von Mike Figgis mit Nicolas Cage und Elisabeth Shue (1995).*
- ***Thomas Ainlay Jr.,*** *„Las Vegas: The Fabulous First Century" (2003). Interessantes Buch über die Geschichte der Stadt.*
- ***Steve Fischer*** *schreibt in „When the Mob Ran Vegas: Stories of Money, Mayhem and Murder" (2005) die Geschichte des organisierten Verbrechens.*
- ***Mike Tronnes,*** *„Literary Las Vegas: The Best Writing About America's Most Fabulous City" (1995). Eine Sammlung von Kurzgeschichten bekannter Autoren über Las Vegas.*
- ***Robert Venturi,*** *„Learning from Las Vegas" (1972). Wegweisendes Buch über die postmoderne Architektur am Beispiel des Strip.*
- ***Jay Rankin*** *schildert in „Under the Neon Sky. A Las Vegas Doorman's Story" (2009) seine Erlebnisse als Türsteher im MGM Grand.*
- ***Pete Earley*** *beschreibt in „Super Casino: Inside the „New" Las Vegas" (2001) die Verwandlung von der Glücksspielstadt zur Entertainment Capital.*

EXTRAINFO

Veranstaltungen und Tickets

Über Shows und aktuelle Veranstaltungen informieren zum Beispiel das monatliche Gratisheft **„Today in Las Vegas"** (http://todayinlv.com) oder die Lokalzeitung **„Las Vegas Review-Journal"** (www.reviewjournal.com).

Für Informationen zu **Ticketservices** siehe Seite 67.

- **www.vegas-online.de** – deutsche Website zu Las Vegas mit einer Auswahl von (nicht immer topaktuellen) Tipps, z. B. Shows.

Las-Vegas-Apps

- **„Vegas.com"**: Diese App ermöglicht zum Beispiel die Buchung von Flügen und Hotels, Show- und Nightclub-Tickets. Zudem gibt es immer wieder Sonderpreise bzw. Gutscheine (Infos und Down-

Infos für LGBT+

Für die LGBT-Szene wurde in der etwas verrückten Stadt Las Vegas schon immer der rosarote Teppich ausgerollt. Poolpartys, exklusive Klubs u. a. Vergnügungen warten allerdings vor allem auf Männer.

***Hotels** bieten spezielle Packages an, z. B. Paris Las Vegas ⓬, Wynn oder Encore ❸, aber auch Luxor ㉒, New York-New York ⓲, Mandalay Bay ㉓ oder Vdara (s. S. 127) sind in der LGBT-Gemeinde beliebt. Wer in Nähe der angesagten Bars und Klubs an der Paradise Road wohnen möchte, ist im Hard Rock Hotel (s. S. 125) gut aufgehoben.*

LGBT-Tipps

- *154 [df] **The Center,** 401 S. Maryland Pkwy., Tel. 702 7339800, http://thecenterlv.org, Mo.-Fr. 10-20 Uhr. Informationen und Veranstaltungen.*
- ***www.vegas.com/nightlife/gayclubs***
- ***www.timeout.com/las-vegas/things-to-do/lgbt-in-las-vegas***
- ***http://lasvegas.lesbiannightlife.com***
- ***www.lesbiansinvegas.com***

Veranstaltungen

- ***Las Vegas Pride,** http://lasvegaspride.org. Anfang Sept. PRIDE Night Parade in Downtown und Party in der Fremont Street Experience. PRIDE Festival am Sa./So. im Sunset Park (Sunset Rd./Eastern Ave.).*
- ***Temptation Sundays,** im Luxor ㉒, www.luxor.com/en/nightlife/temptation-sundays.html. Im Sommer So. 13-19 Uhr LGBT-Poolparty ($ 10 für Hotelgäste, sonst $ 20).*

Klubs

- *155 [aj] **Charlie's Las Vegas,** 5012 Arville St., www.charlieslasvegas.com. „Best gay bar to meet new friends", südöstlich vom Strip, 24 Std. geöffnet.*
- *156 [ci] **FreeZone,** 610 E. Naples Dr., im Hard Rock Hotel, http://freezonelv.com. Gay-Nightclub mit 24 Std.-Öffnung.*
- *157 [di] **The Garage,** 1487 E. Flamingo Rd., http://thegaragelv.com. Gaybar nahe dem Strip, rund um die Uhr geöffnet, mit Billard, Darts, Shuffleboard und Video Poker sowie tgl. 11-19 Uhr Happy Hour.*

load unter: www.vegas.com/mobileapp, gratis, für Android und iOS).

- **„Las Vegas Virtual Reality App"**, Las Vegas mehrdimensional erleben, mit allerlei Tipps (http://vrtv.vegas, gratis, für Android und iOS)
- **„Ride Tracker"**: Die Mobile Site der Verkehrsbetriebe RTC Transit mit Haltestellen, Buslinien und Fahrplänen (gratis, für Android und iPhone, www.rtcsnv.com/transit/routes-maps-schedules/ride-tracker-mobile-site).
- **„VegasMate Travel Guide "**: VegasMate bietet iPhone-Besitzern Infos zu Hotels, Restaurants, Klubs und Shows; auch Restaurantreservierungen, Wettervorhersage und Suchfunktion (gratis, für iOS).
- **„VegasWay"** (Android) bzw. **„MyCityWay Las Vegas"** (iOS): Die App hat Informationen zu 25 Kategorien wie Dining, Nightlife, Gambling, Transportation oder Shows zu bieten (gratis, für Android und iOS).

Internet und Internetcafés

Die meisten Hotels – zumindest die großen am Strip und in Downtown – erheben Gebühren für **WLAN**, oft ist der Zugang – zumindest für ein Gerät – jedoch in der Resortgebühr (das ist eine Zusatzgebühr für die Nutzung spezieller Resort-Einrichtungen/-Angebote) enthalten.

Es gibt dazu altmodische **Internetstationen** an wenig einladenden Ecken der Casinos (meist nahe den Aufzügen oder WCs), wo 15 Min. Internetsurfen ca. $5 kosten. Viele **Cafés** (wie die verbreiteten Ketten Coffee Bean & Tea Leaf oder Starbuck's) und **Lokale** (McDonald's) bieten Gratisinternet.

Im Allgemeinen gibt es in den Casinokomplexen, v. a. in den zugehörigen **Shoppingmalls**, manchmal auch in den Hotellobbys oder in der Nähe von Lokalen, Bars oder Cafés, eine Möglichkeit, gratis ins Internet zu gelangen – einfach ausprobieren! Die **MGM Resorts** Bellagio 13, MGM Grand 19, Mandalay Bay 23 und Mirage 6 sowie Monte Carlo 17, New York-New York 18, Luxor 22 und Excalibur 21 sind ebenso wie Venetian 5 (samt Schwesterhotel Palazzo), Wynn 3, The Forum Shops at Caesars (s. S. 77) und Fremont Street Experience 24 mit Basic WLAN in öffentlichen Arealen ausgestattet.

Über kostenlose WLAN Hotspots informiert:

- www.vegas.com/traveltips/vegas-internet
- www.lasvegas-how-to.com/las-vegas-free-wifi.php

Bei CVS erhält man Medikamente

Maße und Gewichte

Längen

1 inch (in)	2,54 cm
1 foot (ft)	30,48 cm
1 yard (yd) (= 3 feet)	0,91 m
1 mile (= 1760 yards)	1,61 km

Hohlmaße

1 pint	0,47 l
1 quart (= 2 pints)	0,95 l
1 gallon (= 4 quarts)	3,79 l

Flächen

1 square inch	6,45 cm²
1 square feet	929 cm²
1 square yard	0,84 m²
1 acre	4046,80 m² (0,405 ha)
1 square mile (= 640 acres)	2,59 km²

Gewichte

1 ounce (oz)	28,35 g
1 pound (= 16 ounces)	453,59 g

Temperaturen

Umrechnungsschlüssel:
(Grad Fahrenheit - 32) x 0,56 = Grad Celsius, z. B.:

23 Grad F	-5 Grad C
32 Grad F	0 Grad C
50 Grad F	10 Grad C
60 Grad F	15 Grad C
70 Grad F	21 Grad C
80 Grad F	27 Grad C
90 Grad F	32 Grad C
100 Grad F	38 Grad C
110 Grad F	43 Grad C
120 Grad F	49 Grad C

057lv Abb.: mb

Medizinische Versorgung

Besonderen Risiken sind USA-Reisende nicht ausgesetzt, spezielle Impfungen sind nicht nötig und das **Leitungswasser** ist trinkbar.

Erkältungen wegen der großen Temperaturunterschiede zwischen innen und außen – üblich ist die **Vollklimatisierung** von Casinos, Bussen, Räumen, Läden etc. – kann man durch entsprechende Kleidung vorbeugen.

Hygiene wird in den USA großgeschrieben und WCs sind normalerweise sauber; man findet sie z. B. in jedem Casino leicht.

Den hohen **Arzt-, Medikamenten- und Krankenhauskosten** in den USA steht ein hochentwickeltes medizinisches System gegenüber. Eine schnelle und gründliche Behandlung ist gesichert, vorausgesetzt, man kann die eigene Zahlungsfähigkeit (z. B. durch Vorlage einer Kreditkarte) nachweisen.

Bei Praxisbesuchen ist im Allgemeinen sofort zu bezahlen. Gesetzliche Krankenkassen übernehmen die Kosten nicht, weswegen der Abschluss einer **Reisekrankenversicherung** (s. S. 130) für eine Reise in die USA ratsam ist.

Krankenhäuser und Ärzte

Hausbesuche von Ärzten sind in den USA unüblich. Im Notfall ruft man die Ambulanz oder fährt zu einer Krankenhausnotaufnahme *(emergency room).*

- ⊕158 [di] **Desert Springs Hospital Medical Center,** 2075 E. Flamingo Rd., Tel. 702 7338800, 24 Std. geöffnet
- ⊕159 [dh] **Sunrise Hospital & Medical Care,** 3186 S. Maryland Parkway, Tel. 702 731 8000, 24-Std.-Service
- ⊕160 **Urgent Dental,** 500 E Windmill Lane, Tel. 702 2281106, zahnärztlicher Notdienst (24 Std.)

0818lv Abb.: mb

Apotheken

Pharmacies (Apotheken) sind in den USA selten, dafür gibt es in **Supermärkten** und **drugstores** ein Grundsortiment (größer und preiswerter als in Deutschland) an freiverkäuflichen Arzneimitteln. In *drugstores* wie CVS oder Walgreens (24 Std. geöffnet) kann man an speziellen Schaltern auch ärztliche Verordnungen *(prescriptions)* einlösen.

- 161 [B13] **CVS,** 3300 S. Las Vegas Blvd.
- 162 [B16] **Walgreens (2),** 3717 S. Las Vegas Blvd., nahe Planet Hollywood und CityCenter
- › **Walgreens** (s. S. 78) am Strip. Ideal gelegen, dazu groß und gut sortiert.
- 163 [C3] **Walgreens (3),** 495 Fremont St., in Downtown

Das Conservatory im Bellagio 13 ist für fantasievolle Dekorationen bekannt

Mit Kindern unterwegs

Auch in Las Vegas kommen Kinder in den Genuss vielerlei **Vergünstigungen**, z. B. in Hotels (Übernachtung oft kostenlos im Zimmer ihrer Eltern), in Bussen oder bei Sights, wo Sondertarife gelten.

An **Attraktionen** in den Hotels/Casinos bieten sich für Familien v. a. folgende an:

- › **Adventuredome** in Circus Circus 2
- › **Flamingo Wildlife Habitat** im Flamingo Hotel 10
- › **Blick vom Eiffeltower** im Paris Las Vegas 12
- › Haie! **Shark Reef Aquarium** im Mandalay Bay 23
- › **Achterbahnfahrt** im New York–New York 18
- › Thrill Rides im **Stratosphere Tower** 1
- › **Tournament of Kings** im Excalibur 21
- › **Secret Garden & Dolphin Habitat** im Mirage 6

Was **Museen** angeht, lohnt in der Stadt für Kids vor allem der Besuch von **DISCOVERY Children's Museum** (s. S. 56), **Springs Preserve** 30 und **Las Vegas Natural History Museum** (s. S. 57).

Ein unvergessliches **Erlebnis** könnten auch die Fremont-Street-Seilrutsche SlotZilla (s. S. 36), ein Hubschrauberflug (s. S. 120) oder ein Ballontrip bieten.

Der **Town Square** (s. S. 77) verfügt im Zentrum über einen großen Spielplatz und bietet auch sonst viel für Familien. 2014 eröffnete der **Cowabunga Bay Water Park** in Henderson (www.cowabungabayvegas.com), während **Wet'n'Wild** im Südwesten der Stadt schon länger zur Verfügung steht.

- •164 **Wet'n'Wild,** 7055 S. Fort Apache Rd., http://wetnwildlasvegas.com, den Winter über geschlossen

Weitere Tipps für Unternehmungen mit Kindern gibt es unter:

- › www.lasvegaskids.net

Wenn man Betreuung für die Kids sucht, kann man sich an die Las Vegas Nannies wenden.

- › **Las Vegas Nannies,** 24 Std. tgl., Tel. 702 4510021, https://nahusa.com/client-resources/hotel-in-room-nanny-services

Notfälle

Bei **Notfällen** wählt man die **Telefonnummer 911.** Falls es sich um keinen Notfall handelt, ruft man stattdessen **Tel. 311** an, dort erfährt man auch die zuständigen Polizeireviere. Bei Diebstahl (z. B. des Reisepasses) oder sonstigen Verbrechen ist dort Anzeige zu erstatten. Für die Ausstellung eines Ersatzreiseausweises ist die diplomatische Auslandsvertretung (s. S. 105) zuständig. Auch in anderen Notfällen, medizinischer oder rechtlicher Art, bemüht man sich dort, vermittelnd zu helfen.

- › **Zentraler Notruf** (Polizei, Krankenwagen, Feuerwehr): **Tel. 911** (Notfälle) bzw. 311
- 165 [cf] **Las Vegas Metropolitan Police Department,** 400 S. Martin Luther King Blvd., Tel. 702 8283111, www.lvmpd.com
- 166 [bj] **Las Vegas Police Department,** 4860 S. Las Vegas Blvd., Tel. 702 8288272

Kartensperrung

Bei **Verlust der Debit-(EC-), Kredit- oder SIM-Karte** gibt es für Kartensperrungen eine **deutsche Zentralnummer** (unbedingt vor der Reise klären, ob die eigene Bank bzw. der jeweilige Mobilfunkanbieter diesem Notrufsystem angeschlossen ist). **Aber Achtung:** Mit der telefonischen Sperrung sind die Bezahlkarten zwar für die Bezahlung/Geldabhebung mit der PIN gesperrt, nicht jedoch für das **Lastschriftverfahren mit Unterschrift.** Man sollte daher auf jeden Fall den Verlust zusätzlich **bei der Polizei zur Anzeige bringen,** um gegebenenfalls auftretende Ansprüche zurückweisen zu können.

In **Österreich** und der **Schweiz** gibt es keine zentrale Sperrnummer, daher sollten sich Besitzer von in diesen Ländern ausgestellten Debit-(EC-) oder Kreditkarten vor der Abreise bei ihrem Kreditinstitut über den zuständigen Sperrnotruf informieren.

Generell sollte man sich immer die **wichtigsten Daten** wie Kartennummer und Ausstellungsdatum **separat notieren,** da diese unter Umständen abgefragt werden.

- **Deutscher Sperrnotruf** (von den USA): Tel. 011 49 116116 oder Tel. 011 49 3040504050
- **Weitere Infos:** www.kartensicherheit.de, www.sperr-notruf.de

Wer dringend Geld benötigt, kann sich außerdem über **Western Union/ Reisebank** (www.reisebank.de) Geld nach Las Vegas schicken lassen.

Fundbüros

Es gibt kein städtisches Fundbüro, lediglich die Taxivereinigung und das Nahverkehrsunternehmen RTC unterhalten Sammelstellen:

- **Nevada Taxicab Authority,** Taxi-Fundstelle, Tel. 702 6684000, http://taxi.nv.gov/Rider_Info/Lost___Found
- **RTC Customer Service,** Lost and Found, Tel. 418 62723511, Mo.–Fr. 8.30–18 Uhr
- **McCarran International Airport,** Tel. 702 2615134, tgl. 7–23 Uhr, www.mccarran.com/lostandfound

Öffnungszeiten

In den USA gibt es kein verbindliches Ladenschlussgesetz und in Las Vegas gilt oft „24/7“, d.h. Betrieb täglich und rund um die Uhr.

- **Geschäfte** sind in Las Vegas von 9 oder 10 Uhr bis mind. 20 Uhr geöffnet, meist länger und auch an Sonntagen.
- **Malls:** meist Mo.–Sa. 10–21, So. 10/11–19/20 Uhr
- **Restaurants:** In den Casinos hat mindestens ein Lokal meist rund um die Uhr geöffnet, andere machen um ca. 11.30/12 Uhr auf und servieren bis 15 Uhr und dann wieder abends von ca. 18 bis 22 Uhr warmes Essen. Manche Toplokale haben nur zum Dinner geöffnet.

Post

Die Portogebühren (Stand: Winter 2017/2018) nach Deutschland, Österreich und in die Schweiz betragen für **Karten** und **Standardbriefe** bis 1 oz (28 g) $ 1,15 (jedes weitere oz: 98 c). Für **Inlandspost** (Standard oder „First Class“) gilt: Briefe bis 1 oz kosten 49 c, jedes weitere oz. 21 c, Karten 34 c.

✉**167** [D3] **US Post Office,** 201 S. Las Vegas Blvd., Mo.–Fr. 8.30–17 Uhr

Sicherheit

In Las Vegas ist die Zahl der **Gewaltverbrechen** wie Mord, Vergewaltigung, Raub und Überfall in den letzten Jahren zwar deutlich zurückgegangen, sie liegt aber noch immer über dem US-Durchschnitt. Vor allem in North Las Vegas (wohin Touristen selten kommen) ist die Quote relativ hoch. Nevada hat besonders liberale **Waffengesetze:** Waffen dürfen offen getragen werden und es gibt massenhaft Schießstände und Gun Shows. Nachdem Anfang Oktober 2017 59 Besucher eines Open-air-Festivals durch einen Amokschützen ums Leben kamen, wurden die Sicherheitsbestimmungen in Hotels verschärft.

Street crimes (**Taschendiebstähle** etc.) sind die wohl häufigsten Delikte im Zusammenhang mit Touristen und daher ist besonders bei Menschenaufläufen Vorsicht geboten. Sinnvoll sind die **üblichen Vorsichtsmaßnahmen:** Bargeld nur in kleineren Mengen mitführen, Papiere/Schecks zwischen zwei zusammenreisenden Personen aufteilen und Dokumentkopien und getrennt von den Originalen aufbewahren. **Obdachlose** (die z.T. Wasserflaschen verkaufen) sind häufig zu sehen, jedoch im Allgemeinen harmlos.

Sport und Erholung

Seit 2017 gibt es in Las Vegas ein **Eishockey-Team**, Mitglied der weltbesten Liga, der NHL (National Hockey League): die **Vegas Golden Knights.** Sie tragen ihre Heimspiele in der **T-Mobile Arena** (s. S. 28) aus.

› **Infos und Tickets:** www.nhl.com/goldenknights

Ab 2020 wird Las Vegas zudem über ein **American-Football-Team** in der weltberühmten NFL (National Football League) verfügen. Dann ziehen die **Raiders** von Oakland an den Strip um. Ende 2017 begannen die Arbeiten am neuen, 65.000 Zuschauer fassenden **Las Vegas Stadium**, das westlich von Mandalay Bay, jenseits der Autobahn I-15, entsteht.

› **Infos zum Stadion:** http://lasvegasstadium.raiders.com

› **Infos zu den Raiders:** www.raiders.com

Auf dem **Las Vegas Motor Speedway** – einer Rennstrecke im Norden von Las Vegas – finden fast das ganze Jahr über Autorennen statt. Zum Beispiel veranstaltet die National Association for **Stock Car Auto Racing** (NASCAR) den Spring Cup, Kobalt Tools 400 oder Sam's Town 300. Bei diesen Rennen mit aufgetunten Standardwagen werden Geschwindigkeiten von bis zu 300 km/h erreicht.

Ab Ende August/Anfang September steht **College Football** auf dem Programm und das Uniteam **UNLV Rebels** mischt erfahrungsgemäß in der Mountain West Conference gut mit. Der Winter gehört hingegen den **Basketballern** der **UNLV Rebels.** Sie spielen im Thomas & Mack Center auf dem University Campus.

Obwohl aus Las Vegas heraus, z. B. Richtung Lake Mead/Red Rock Canyon/Valley of Fire, Fahrradwege existieren, die zum Teil lebhaft von Rennradlern genutzt werden, ist die Stadt selbst **wenig zum Radfahren geeignet.** Zu hektisch ist der Verkehr im Zentrum, es gibt so gut wie keine Fahrradabstellplätze und die Hitze ist für europäische Radler ebenfalls gewöhnungsbedürftig.

› Infos zu den Sportteams der **UNLV Rebels:** www.unlvrebels.com

S168 **Sam Boyd Stadium,** 7000 E. Russell Rd., www.samboydstadium.com

S169 [ci] **Thomas & Mack Center,** 4505 S. Maryland Pkwy., www.thomasandmack.com

Baseball spielen die Las Vegas 51s und zwar in der Pacific Coast League (AAA Division). Sie sind die Top-Nachwuchsmannschaft des Profibaseballteams New York Mets:

082lv Abb.: mb

Mischen die Profiliga NHL auf: die Vegas Golden Knights

S170 [D1] **Las Vegas 51s/Cashman Field**, 850 N. Las Vegas Blvd., www.milb.com/index.jsp?sid=t400

Etwas „exotischer" ist **Exotics Racing**. Hier können Gäste einen Traum wahrmachen und in Ferraris, McLarens, Lamborghinis, Porsches oder anderen Rennwagen über einen Race Track düsen:

S171 **Exotics Racing**, Tel. 702 8025676, http://exoticsracing.com

Erholung pur – Spas

Das Wort „Erholung" ist in Las Vegas untrennbar verbunden mit **„Spa"** und damit identisch mit einer Vielzahl an Fitness-, Wellness- und Gesundheitseinrichtungen. Spa Hotels oder Spa Resorts haben in Las Vegas in den letzten Jahren alle Grenzen gesprengt, was Flächen und Angebot angeht. Es existieren rund 45 Spas, die auf ihren „Spa Menus" Fitness und Ernährung, Körper- und Gesichtsbehandlungen, Friseur, Haarentfernung, Sauna und Dampfbad, Wasser- und Lichttherapien, Fußvermessung und Massagen, Fango, ayurvedische Anwendungen, Fußreflexzonentherapie, Yoga, Kletterwände und Kraftgeräte anbieten.

Man unterscheidet grundsätzlich **Day Spas**, eher Schönheitssalons mit Massage- u.a. Angeboten, und **Resort Spas**, wie sie in Las Vegas verbreitet sind. Letztere gehören meist zu Hotels, stehen aber auch Nichthotelgästen offen. Meist wird für den Zugang eine „Spa Fee" (bis zu $ 50, bei Hotelgästen oft in der Resort Fee enthalten) erhoben, die dann die Nutzung von Einrichtungen wie Fitnessstudio, Pools oder Sauna einschließt. Behandlungen und Spezialeinrichtungen kosten extra. Eine **detaillierte Auflistung** von Spas ist unter www.vegas.com/spas zu finden, nachfolgend eine Auswahl:

- **Canyon Ranch Spa Club**, im Venetian 5/Palazzo, www.canyonranch.com/lasvegas. Auf über 12.000 m² Fläche – es handelt sich um das größte Spa in den USA! – gibt es von der Kletterwand über das Pilatesstudio bis zu diversen Therapien so gut wie alles.
- **Spa at the Bellagio** 13,www.bellagio.com/en/amenities/spa-fitness.html. Passend zu Wasserspielen und See viele Hydrotherapie-Behandlungen.
- **Sahra Spa & Hammam**, im Cosmopolitan 14, www.cosmopolitanlasvegas.com/spa. Allein schon das Design ist sehenswert!
- **The Spa & Saloon at Aria** (s. S. 126), www.aria.com/en/amenities/the-spa.html. Mit Dampfbad, Friseursalon und getrennten Spa-Bereichen für Männer und Frauen. Empfehlenswerte „Foot Therapy".
- **Spa at the Mandarin Oriental** (s. S. 127), www.mandarinoriental.com/lasvegas/luxury-spa. Über zwei Etagen Verwöhnprogramm mit asiatischen Therapien und Flair.
- **The BATHHOUSE**, im Delano at Mandalay Bay 23, www.delanolasvegas.com/en/amenities/bathhouse-spa.html. Sehr elegant und mit mehreren Saunas, Behandlungsräumen und Fitnessstudio.
- **The Spa at Encore** 3, www.wynnlasvegas.com/Activities/Spas/EncoreSpa. Sehr edel und aufwendig dekoriert, bekannt für Massagen.
- **Qua Baths and Spa at Caesars Palace** 11, www.caesarspalace.com/things-to-do/qua.html. Neues Konzept des „Social Spa-ing", mit Gemeinschaftsräumen (ansonsten in den USA eher unüblich) wie Laconium oder Arctic Ice Room (mit Schneefall) und Tea Room mit Sommeliers, die Teesorte und Behandlung in Einklang bringen.

Sprache

Ganz ohne **Englisch** kommt man in Las Vegas nicht aus, allerdings ist *small talk* auch mit kleinem Wortschatz möglich und die Erwartungshaltung der Amerikaner nicht hoch. Das **Amerikanische** weicht zum Teil vom Schulenglisch ab, es gibt Unterschiede bezüglich Wortschatz, Grammatik und Aussprache.

Gewisse Universalfloskeln gehören zum guten Ton, z. B. „How are you (today)?" – die Frage nach dem Befinden, aber vor allem eine Begrüßungsformel. „Have a nice day/trip", dient der Verabschiedung, ebenso wie „It was a pleasure meeting you" oder „See you". Letzteres ist selten als Einladung gemeint, sondern vielmehr ein legerer Abschiedsgruß. (Kleine Sprachhilfe siehe Seite 132 dieses Buches.)

Stadttouren

Walking Touren gibt es in Las Vegas kaum, was an der Art des Angebots, an der meist herrschenden Hitze, aber auch an der Infrastruktur liegen mag. Las Vegas ist beliebter Standort, um die Attraktionen in der Umgebung zu erkunden und dafür werden reichlich **organisierte Ausflüge** angeboten, z. B. zum Hoover Dam 36/Lake Mead 34 oder zum Grand Canyon (s. S. 54).

Bustouren

- **Gray Line Tours,** Tel. 1 800 6346579, https://graylinelasvegas.com. Verschiedene Bustouren in und um Las Vegas, u. a. zum Lake Mead und Grand Canyon, auch kombiniert mit Helikoptertour.
- **Big Bus Tours,** Tel. 1 877 332 8689, www.bigbustours.com/en/las-vegas/las-vegas-bus-tours. Mit 1- oder 2-Tagestickets mit beliebigen Stopps in englischen Doppeldeckerbussen den Strip entlang („hop-on hop-off").
- **Onboard Sightseeing Tours,** 3645 Las Vegas Blvd. S, Tel. 702 5837812, https://lasvegastours.onboardtours.com. Z. B. „THE Vegas Tour" (Strip), „Lights Tour" am Abend oder „Pawn Stars Insider Tour".

Mit Big Bus Tours kann man am Strip beliebig ein- und aussteigen

061lv Abb.: mb

Spezialtouren

› **Pink Jeep Tours,** 3629 W. Hacienda Ave., Tel. 702 8956777, http://pinkjeeptours.com/las-vegas. Unterwegs in kleinen Gruppen mit bis zu 10 Personen in „Tour Trekkers" – speziell konstruierten Fahrzeugen mit 4-Rad-Antrieb – und mit kenntnisreichen Guides, teils quer durchs Terrain. Red-Rock-Canyon- und Valley-of-Fire-Halbtagestouren, Las-Vegas-City-Tour, außerdem zum Hoover Dam/Lake Mead oder Grand Canyon, dazu Kombinationen mit Helikopterflügen oder Bootstouren.

●172 [C18] **Papillon Grand Canyon Helicopters,** 275 E. Tropicana Ave., Tel. 0800 1873676 (gratis von Deutschland aus.), innerhalb der USA: Tel. 1 888 6357272, www.papillon.com. Flüge über den Strip, den Hoover Dam und zum Grand Canyon, daneben Bustouren, Jeep- und Rafting-Trips.

› **Vegas Balloon Rides,** Tel. 702 5533039, www.lvballoonrides.com. Ballonfahrten über Las Vegas zum Sonnenauf- und im Winter auch zum Sonnenuntergang.

083lv Abb.: Papillon

Mit einem Papillon-Helikopter in den Grand Canyon

EXTRATIPP

Gourmettouren

Lip Smacking Foodie Tours bieten kulinarische Touren zu Fuß mit Kostproben, ab 2½ Std., auch abends und mit unterschiedlichen Schwerpunkten.

Etwas teurer und länger sind die Touren von The Walking Gourmet.

› **Lip Smacking Foodie Tours,** Tel. 1 888 6814388, http://vegasfoodietour.com

› **The Walking Gourmet,** www.thewalkinggourmet.com, Tel. 702 2211958

Telefonieren

Eine **1** gefolgt von dem dreistelligen **area code 702** und **725** (für den Großraum Las Vegas/Clark County) bzw. **775 für Rest-Nevada** geht der siebenstelligen Rufnummer voraus und muss auch bei Ortsgesprächen mitgewählt werden.

Die Rufnummer kann auch als Buchstabenkombination angegeben sein: **2 – ABC, 3 – DEF, 4 – GHI, 5 – JKL, 6 – MNO, 7 – PQRS, 8 –TUV, 9 – WXYZ.** Gebührenfrei, aber regional begrenzt, sind Nummern, die mit 1-800, 833, 844, 855, 866, 877 und 888 beginnen, teuer sind jene mit 1–900.

Telefonkarten

In Hotels bereitet das Telefonieren über **Festnetz** kein Problem, es wird über die Kreditkarte abgerechnet. Bei **Telefonkarten** wird zwischen *calling cards* (monatliche Abrechnung vom Kreditkartenkonto) und *prepaid phone cards* (geladen mit einem bestimmten Betrag) unterschieden.

› www.callingcards.com – Übersicht über Anbieter und Preise

Vorwahlen

- **Deutschland:** 011 49
- **Österreich:** 011 43
- **Schweiz:** 011 41
- **R-Gespräche:** Tel. 1 800 2920049

Mobile phone („Handy")

Die GSM-Mobilfunknetze (850/ 1900 MHz) sind gut ausgebaut und Telefonieren mit Smartphone bereitet im Allgemeinen keine Probleme. Der Begriff „Handy" existiert im Amerikanischen nicht, man spricht von *cell* oder *mobile phone.*

Wegen der **Roaming-Gebühren im Ausland** bei Nutzung einer mobilen Datenverbindung können hohe Kosten anfallen. Man sollte daher vor der Reise bei seinem Netzbetreiber Informationen über evtl. günstigere Auslandsdatenpakete einholen oder zur Sicherheit die Mobile-Daten-Option deaktivieren und nur über kostenlose WLAN-Netze online gehen. Bei längeren Aufenthalten kann der Erwerb einer amerikanischen SIM-Karte sinnvoll sein.

Uhrzeit

Die Vereinigten Staaten sind in **vier Hauptzeitzonen** eingeteilt – Eastern Time, Central Time, Mountain Time, Pacific Time –, die eine Verschiebung um 6 bis 9 Stunden von der Mitteleuropäischen Zeit bedeuten. Nevada gehört zur Pacific Time Zone und weist **9 Stunden Zeitverschiebung** gegenüber der MEZ auf.

In den USA wird bei der **Uhrzeit** nicht bis 24 durchgezählt, sondern nur bis 12. Die Zufügung von **a.m.** (ante meridiem) weist auf vormittags, **p.m.** (post meridiem) auf nachmittags hin. 12 Uhr mittags heißt *noon,* 24 Uhr *midnight.* Sommerzeit *(daylight saving time/DST)* herrscht in den USA vom zweiten Sonntag im März bis zum ersten im November.

Das **Datum** wird in der Reihenfolge Monat–Tag–Jahr angegeben, z. B. March 5, 2018 oder kurz 3-5-2018.

Unterkunft

Las Vegas ist berühmt für seine riesigen Casino-Hotels mit mehreren Hundert oder sogar Tausend Zimmern. Ein neuer Trend ist, dass die älteren „Standardkomplexe" ein schickes Boutiquehotel dazubauen, z. B. das Nobu im Caesars Palace, Delano Hotel im Mandalay Bay, W Hotel @ SLS oder Palazzo (im Venetian). Der Mehrzahl der Hotels am Strip und in Downtown sind **Casinos angeschlossen** und man gelangt zur Hotellobby meist nur durch das Casino.

Angebot und Besonderheiten

Insgesamt stehen **über 150.000 Hotel-/Motelzimmer** zur Verfügung (vgl. New York City: ca. 110.000) und doch empfielt es sich, im Voraus zu buchen. Das **Preis-Leistungs-Verhältnis** ist in Las Vegas in Ordnung, wobei die Preise in den letzten Jahren angezogen haben. Der offizielle **Durchschnittspreis** liegt gegenwärtig bei $ 125, dazu kommt bei Direktbuchung noch die *tax* (Steuer) in Höhe von 13 % bzw. 14 % (Fremont Street Experience) und häufig eine nicht unerhebliche **Resort Fee** (pro Tag durchschnittlich $ 20–50) für WLAN und die Nutzung von Fitness- oder Spa-Einrichtungen. Nur noch wenige, vor-

EXTRATIPP

Tipps zur Zimmersuche

- Besonders bei **Kurzaufenthalten** ist es günstig, ein Hotel am Strip oder in Downtown zu wählen. Die weiter entfernten Motels setzen ein Auto voraus und sind dazu nicht unbedingt preiswerter.
- **Vergleichen** lohnt sich bei Las Vegas auf alle Fälle, da weit mehr als in anderen Städten die Preise extrem starken Schwankungen unterworfen sind. Selbst Luxushotels können erstaunlich billig sein und der wahre Coup besteht darin, ein Hotel der gehobenen Kategorie (bzw. ein möglichst schönes Zimmer mit Ausblick) zum Schnäppchenpreis zu bekommen.
- Beim **Preisvergleich** auf versteckte Resort Fees, kostenloses WLAN und Parkgebühren achten. Steuer kommt ebenfalls oft noch dazu.
- Unter **www.caesars.com/total-rewards** kann man z. B. die Preise aller Caesars-Entertainment-Hotels nach Datumseingabe miteinander vergleichen (auch „Sales"!).

wiegend Downtown-Hotels, erheben keine Resort Fee. Genaues Recherchieren ist hier bei Buchung nötig. Infos dazu gibt es unter:

- www.lasvegasjaunt.com/las-vegas-resort-fees-2017-guide
- www.lasvegasdirect.com/las-vegas-hotel-resort-fees

Im Schnitt lässt sich ab etwa $ 100 inkl. aller Steuern und Gebühren ein Zimmer bekommen.

Parken ist heute nur noch selten gratis, und wenn, dann nur, sofern man den Wagen selbst in den meist oberen, entfernten Plätzen im Parkhaus abstellt. *Valet parking* (das Parken und Holen des Wagens durch Hotelpersonal) kostet immer eine Gebühr.

Zimmerbuchung und -preise

Reiseveranstalter bieten eine breite Palette an Zimmern in Las Vegas an, wobei auch hier oft die Preise stark variieren. Allerdings ist eine **Buchung im Internet**, vor allem bei Brokern oder manchmal sogar direkt beim Hotel (gelegentlich Sonder- bzw. Last-Minute-Angebote sowie Packages mit Show oder Buffet), oft günstiger.

Die **Preise** variieren je nach Art und Lage des Zimmers, z. B. ob unten oder oben, mit oder ohne Ausblick, Standardzimmer oder Suite. Obwohl die Hotelkomplexe sehr unterschiedlich sind, ähneln sich die Zimmer innerhalb der groben Kategorien meist stark.

Gravierend sind die **Preisunterschiede** je nach Wochentag oder Datum (Events!) bzw. Saison. Günstiger ist es meist So. bis Do., während es an Wochenenden oder an Feiertagen bzw. in den Ferienmonaten Juli bis September teurer wird. Bekommt man zu bestimmten Terminen schon ein Zimmer ab $ 30 (in der preiswerten Kategorie), können es an anderen im selben Hotel über $ 200 sein. Zudem muss man immer an die meist gut versteckte Resort Fee denken, die selbst in der preiswerteren Gruppe um die $ 30 beträgt; dazu kommt noch die Steuer.

Im Kalender der Hotel-Buchungsmasken kann man unter „flexible dates" meist den ganzen Monat einsehen und ggf. die günstigsten Daten wählen. Eventuell hilft es auch, sich vorab im Internet bei Brokern zu orientieren.

Hotelempfehlungen

Preiswert am Strip ($–$$$)

173 [B15] **Bally's Las Vegas,** 3645 S. Las Vegas Blvd., Tel. 1 877 6034390, www.ballyslasvegas.com. **Ein Klassiker mit neuem Turm:** über 30 Jahre altes Megahotel mit günstigen Standardzimmern und moderneren Zimmern im Jubilee Tower.

174 [B14] **Casino Royale – BW Plus,** 3411 S. Las Vegas Blvd., Tel. 702 7372500, www.bestwestern.com/en_US.html. **Kettenhotel in günstiger Lage am Strip:** Dazu gibt es keine Resort Fee, Gratis-Parken und WLAN – wenn das keine Argumente sind! Moderne Zimmer in Flachbauten und anständige Preise.

2 [C11] **Circus Circus Resort & Casino,** Tel. 1 877 4349175, www.circuscircus.com. **Unterhaltsam für Familien:** am Nordende des Strip gelegener, etwas in die Jahre gekommener Großkomplex mit 3770 Zimmern. Das Motto des Komplexes ist Zirkus.

10 [B15] **Flamingo,** Tel. 702 7333111, www.flamingolasvegas.com. **Karibische Landschaft und viel Grün:** Von den mehr als 3600 modern-schlicht eingerichteten Zimmern blickt man auf karibische Landschaft, mehrere Pools und Flamingos.

7 [B14] **Harrah's,** Tel. 1 800 2149110, www.caesars.com/harrahs-las-vegas. **Altehrwürdiger Hotelklassiker in Superlage:** verschiedene Zimmertypen (Valley Rooms sind moderner), mitten am Strip mit großem Casino und mehreren Shows.

22 [A19] **Luxor,** Tel. 1 877 3864658, www.luxor.com. **Auf den Spuren der Pharaos:** ein weiterer (älterer) Megakomplex mit preiswerten Zimmern. Empfehlenswert sind z. B. die Pyramid Rooms & Suites mit Ausblick.

175 [C12] **Royal Resort,** 99 Convention Center Dr., Tel. 702 7356117, www.royalhotelvegas.com. **Günstig, da ohne Resort Fee!** Hotel am nördlichen Ende des Strips. Die Zimmer sind relativ klein und etwas altmodisch, aber preiswert.

1 [C8] **Stratosphere Hotel,** Tel. 702 3807777, www.stratospherehotel.com. **Wohnen beim höchsten Turm von Las Vegas:** knapp 2500 Zimmer und Suiten, beliebtes Casino, mehrere Restaurants, Shops und Pools sowie Shows. Vergünstigter Zugang zu den Tower Observation Decks für Hotelgäste.

8 [B14] **The LINQ,** Tel.1 800 6346441, www.caesars.com/linq. **Direkt am Riesenrad gelegen:** Das Hotel LINQ ist durch den Carnaval Court mit Harrah's und durch die LINQ Promenade mit dem High Roller verbunden. Die Zimmer sind modern und zweckmäßig ausgestattet, nicht allzu groß, aber bei jungen Leuten angesagt. Jene in den unteren Stockwerken haben keine Aussicht.

Preiskategorien Hotels

Die Kategorien beziehen sich auf den ungefähren Gesamtpreis für ein Doppelzimmer inkl. der Steuern und ggf. Resort Fees, ohne Frühstück.

$	unter $ 80
$$	ca. $ 80–140
$$$	ca. $ 140–200
$$$$	über $ 200

Preiswert in Downtown ($–$$)

176 [D3] **El Cortez,** 600 E. Fremont St., Tel. 702 3855200, http://elcortezhotelcasino.com/hotel.php. **Ältestes kontinuierlich betriebenes Hotel in Vegas:** Seit 1941 gibt es diesen Downtown-Klassiker mit eher schlichten und etwas altmodischen Zimmern. Groß und preiswert, Casino im Flachbau, Gästezimmer im Turm. Parken frei, Resort Fee niedrig. Ähnlich: **Four Queens Hotel** (www.fourqueens.com).

EXTRATIPP

Neuer Glanz zu günstigem Preis

Im früheren Lady Luck Hotel in Downtown Las Vegas nahe der Fremont Street, des Mob Museum und des Downtown Container Park eröffnete 2013 nach Komplettrenovierung das Downtown Grand. Die Zimmer und Suiten in verschiedenen Kategorien sind modern und komfortabel eingerichtet, dazu vor allem unter der Woche sehr preisgünstig. Besonders schön sind jene in den oberen Etagen. Ideal zum Relaxen bei Tag und zum Feiern bei Nacht ist das große Citrus Grand Pool Deck auf dem Dach mit Pools, Sonnenliegen, Cocktailbar und Lokal.

181 [C3] **Downtown Grand Hotel & Casino,** 206 N. 3rd St., Tel. 702 3372586, www.downtowngrand.com

087lv Abb.: dg

Modernes Hotel in guter Lage nahe der Fremont Street: das Downtown Grand

177 [C3] **Fremont Hotel & Casino,** 200 Fremont St., Tel. 702 38533232, www.fremontcasino.com. **Im Herzen der Fremont Street Experience:** „Nur" knapp 500 Zimmer und Suiten, nicht allzu groß, aber zweckmäßig und preiswert, dazu keine Resort Fee.

178 [C3] **Golden Gate Hotel,** 1 Fremont St., Tel. 1 800 4261906, http://goldengatecasino.com. **Historische Downtown-Perle von 1906:** charmantes Hotel mit nur 122 Zimmern zu erschwinglichen Preisen, bekannt wegen seines Shrimp Cocktails, des ersten Telefons (1907), des ersten Aufzugs, und weil es der erste Betonbau war. 1927 wurde er mit einem der ersten Neonschilder ausgestattet.

179 [C3] **Golden Nugget,** 129 E. Fremont St., Tel. 1 800 6343454, www.goldennugget.com. **Berühmtes Mittelklassehotel der „alten Garde":** Im Herzen von Downtown stehen verteilt auf mehrere Gebäude mehr als 2400 Zimmer zur Verfügung. Neueste Ergänzung ist der luxuriöse Rush Tower.

180 [B3] **Main Street Station,** 200 N. Main St., Tel. 702 3871896, www.mainstreetcasino.com. **Ehemals Bahnhof, heute Hotel, Casino und Brauerei in einem:** große helle Zimmer zu günstigen Preisen, dazu im Erdgeschoss eine Kleinbrauerei. Bisher keine Resort Fee!

182 [B3] **Plaza Hotel & Casino,** 1 Main St., Tel. 702 3862110, www.plazahotelcasino.com. **Alles Bingo:** Für Bingo ist das zugehörige Casino bekannt, im schicken Turm des neu renovierten Hotels von 1971 gibt es über 1000 ordentliche Zimmer zu vernünftigen Preisen.

183 [C3] **The D Las Vegas,** 301 E. Fremont St., Tel. 702 3882400, www.thed.com. **Jung, bunt und umtriebig:** Aus dem alten Fitzgerald's wurde 2012 an der Fremont Street Experience das D Hotel mit 629 schlichten, modernen Zimmern und LONGBAR, der längsten (Sports)bar in Nevada.

Mittlere Kategorie ($$–$$$)

🏠184 [ci] **Hard Rock Hotel & Casino,** 4455 Paradise Rd., Tel. 702 6935000 bzw. 1 800 4737625, www.hardrockhotel.com. **Kulthotel für ein jüngeres Publikum:** coole große Zimmer, teils mit Ausblick, dazu schöne Palmen-Poollandschaft und zahlreiche Bars und Lounges sowie Klubs.

⓳ [B17] **MGM Grand Hotel,** Tel. 1 877 8800880, www.mgmgrand.com. Ein Riesenkomplex mit vielseitigem Angebot: Es fehlt weder an Shops, Lokalen, Shows oder sonstigen Vergnügungen noch an Zimmern (mehr als 5000!) unterschiedlicher Kategorien, auch sogenannte „Stay Well Rooms" für Gesundheitsbewusste. Zugehörig sind die Mansion Villas.

❻ [B14] **Mirage Hotel & Casino,** Tel. 1 800 3749000 oder 702 7917111, www.mirage.com. **Dem Vulkan ganz nah:** Ein weiteres Hotel der Superlative mit Attraktionen wie einem Asche speienden Vulkan. Spa, mehrere Klubs und Shows, unzählige Shops und Restaurants. Mehr als 3000 Zimmer verschiedener Typen verteilt auf verschiedene Gebäudeteile, alle relativ groß und komfortabel.

⓱ [B17] **Monte Carlo Resort & Casino,** Tel. 1 888 5294828, www.montecarlo.com/de. **Fast wie an der Côte d'Azur:** gut ausgestattete, geschmackvolle Zimmer und Suiten, umgeben von einer tropischen Landschaft. Demnächst Umbenennung in „Park MGM" (mit NoMad Boutiquehotel).

🏠185 **M Resort, Spa and Casino,** 12300 S. Las Vegas Blvd., Henderson, www.themresort.com, Tel. 702 7971000. **Moderne Architektur und schicker Komfort:** in Henderson, im Süden des Strip, gelegenes, angenehm ruhiges Hotel in energiesparender Bauweise und mit moderner Ausstattung. Mehrere Restaurants.

⓲ [B17] **New York–New York,** Tel. 1 866 8154365, www.newyorknewyork.com. **Wohnen im riesigen „Big Apple":** komfortabel ausgestattete Zimmer. Zugehörig sind eine imposante Shoppingmall, eine Cirque-du-Soleil-Show, eine Achterbahn, zahlreiche Restaurants u. v. a.

⓬ [B15] **Paris Las Vegas,** Tel. 1 877 7962096, www.caesars.com/paris-las-vegas. **Im „europäischen Stil":** zahlreiche Zimmerkategorien, teils mit Ausblick. Mit riesiger Einkaufspassage, Bistros und dem Eiffelturm als Hauptattraktion.

🏠186 [ai] **Rio All-Suites Hotel & Casino,** 3700 W. Flamingo Rd., Tel. 1 866 7467671, www.caesars.com/rio-las-vegas. **Geräumige Suiten, mit Glück zum Schnäppchenpreis:** modernes Hochhaus, in dem es verschiedene Suiten gibt, u. a. empfehlenswerte bunte Samba-Suiten. Mehrere Shows, Poollandschaft VooDoo Beach und Spa. Etwas zurückversetzt vom Strip, gegenüber Caesars.

❹ [B13] **Treasure Island,** Tel. 1 800 2887206 oder 702 8947111. **Neu renoviert und mitten am Strip:** gut ausgestattete große Zimmer, gemütlich und mit guten Betten. Breites Angebot an Wellness, Restaurants und Entertainment.

⓴ [B18] **Tropicana Resort** , Tel. 702 7392222, www.troplv.com. **Fast wie auf einer Südseeinsel:** gemütliche Zimmer in warmen Farben, teils mit Ausblick, auch Suiten und Villas, alles in exotischer Südsee-Atmosphäre. Poollandschaft und Gelegenheit, Black Jack im Pool zu spielen.

Gehobene Kategorie ($$$–$$$$)

⓭ [A15] **Bellagio,** Tel. 1 888 9876667, www.bellagio.com. **Gediegen mit Blick auf die Wasserspiele:** luxuriös im mediterranen Stil, mit viel Wasser und Grün. Sehenswerte Außenanlagen mit Pools und angenehm luftiges Ambiente. Mehrere Tausend Räume auf verschiedene Gebäude verteilt, die meisten mit Blick auf die Wasserspiele. Einrichtung klassisch-edel.

EXTRATIPP

Ein Hauch von Venedig

Gut 4000 Zimmer verteilen sich auf verschiedene Flügel und Türme des Venetian. Es gehört zur Las Vegas Sands Corporation, jener Firma, die in den 1990er-Jahren das Prinzip der „Integrated Resorts" mit Restaurants, Klubs, Shows, Glücksspiel, Spa, Shops u. a. aufbrachte. Im Venetian bucht man kein Zimmer, sondern eine luxuriöse Suite von rund 60 m² Fläche. Die Vorhänge sind per Fernbedienung regulierbar, es gibt drei Fernseher, einer davon im Bad. Der Service ist grandios und im 4th Floor steht Hotelgästen das Venetian Pool Deck, eine Poollandschaft, zur Verfügung. Außerdem gibt es den exzellenten Canyon Ranch Spa Club (s. S. 118), die Grand Canal Shoppes (s. S. 77) und 40 Restaurants, darunter SUGARCANE raw bar grill (s. S. 62).

5 [B14] **The Venetian Resort Hotel Casino,** Tel. 702 4141000, www.venetian.com. Zugehörig sind der luxuriöse Venezia Tower und The Palazzo (www.palazzo.com).

11 [A15] **Caesars Palace,** Tel. 1 866 2275938, www.caesars.com/caesars-palace. **Pracht des alten Rom:** Zimmer in mehreren Türmen mit unterschiedlichen Raumtypen, darunter exklusivere der Laurel Collection und des Nobu. Restaurants und Shops in Hülle und Fülle, außerdem großes Theater, in dem Stars wie Céline Dion auftreten.

23 [A19] **Mandalay Bay Resort & Casino,** Tel. 702 6327777, www.mandalaybay.com. **Drei Hotels unter einem Dach:** Mandalay Bay, Delano und Four Seasons Hotel (alle MGM). Weit über 3000 schicke Zimmer. Für Unterhaltung ist dank riesiger Poollandschaft mit Bars, Klubs und Lounges gesorgt.

3 [C13] **Wynn Las Vegas & Encore Hotel,** Tel. 1 877 3219966, www.wynnlasvegas.com. **Hotel der Superlative:** Luxuriöser 5-Sterne-Hotelkomplex mit exquisiten Lokalen und erlesenen Shops sowie angesagten Nightclubs. Das Wynn wurde 2005 als damals teuerstes Hotel der Welt mit 2716 Zimmern und künstlichem See sowie Golfplatz und Casino eröffnet. 2008 kam im selben, äußerlich schlichten Stil das Schwesterhotel Encore mit über 2000 Zimmern und Casino dazu.

Boutiquehotels ($$$–$$$$)

187 [A16] **Aria,** 3730 S. Las Vegas Blvd., Tel. 702 5907757, www.arialasvegas.com. **Schickes Hotel im CityCenter:** wird bevorzugt von den „Jungen und Schönen" frequentiert. Großes Restaurantspektrum, edles kleines Spa und Schönheitssalon, mehrere Lounges und JEWEL Nightclub (s. S. 72).

14 [B16] **Cosmopolitan of Las Vegas,** Tel. 702 698700, www.cosmopolitanlasvegas.com. **Zimmer mit Balkon:** Alle Zimmer in diesem modernen Hotel nahe dem CityCenter sind cool und edel ausgestattet. Zugehörig: Marquee Nightclub und Sahra Spa & Hammam.

› **Delano Hotel Las Vegas,** Tel. 702 6327888, www.delanolasvegas.com. **Lifestyle-Hotel im goldenen Turm:** Teil des Mandalay Bay 23, in einem separaten Tower untergebracht. Luxuriöse 1100 Suiten auf 43 Etagen, in Weiß gehalten. Bekannt für den LIGHT Nightclub.

188 [B16] **Elara by Hilton Grand Vacations,** 80 E. Harmon Ave., Tel. 702 6696700, www3.hilton.com/en/hotels/nevada/elara-by-hilton-grand-vacations-center-strip-LASCSGV/index.html. **Mit Küchenecke und ohne Resort Fee:** Studios und Suiten mit moderner Ausstattung und grandiosem Ausblick, alle mit Kitchenette. Pool und Fitnesscenter sowie schöne Lobby-Bar, kein Casino zugehörig.

189 [B17] **Mandarin Oriental,** 3752 S. Las Vegas Blvd., Tel. 702 5908888, www.mandarinoriental.com/las-vegas/the-strip/luxury-hotel. **Zurückhaltende Eleganz, die ihren Preis hat:** stylish in jeder Hinsicht, dazu in umweltfreundlicher Bauweise im CityCenter. 392 sehr schicke Zimmer und Suiten, asiatisch angehaucht, teils mit Ausblick auf den Strip. Zugehörig sind ein Spa und mehrere gehobene Lokale und Bars, verbunden ist das Hotel mit dem Crystals Shopping Center. Kein Casino!

190 [C3] **Oasis at Gold Spike,** 217 N. Las Vegas Blvd., Tel. 702 7689823, http://oasisatgoldspike.com. **Angesagt bei jungen Leuten:** preiswertes neueres Boutiquehotel in Fremont East, Lounges zum Treffen, Bar, Fitnesscenter, Fahrräder zum Ausleihen und 44 witzige Zimmer ohne großen Komfort. Parken gratis!

191 [B15] **The Cromwell,** 3595 S. Las Vegas Blvd., Tel. 702 7773777, www.caesars.com/cromwell. **Intimes Boutiquehotel:** luxuriös ausgestattete 188 Zimmer in satten Farben, freier Zugang zum Drai's Beach Club für Hotelgäste, Rooftop Pool. Mit Glück günstig zu bekommen!

192 [A16] **Vdara,** 2600 W. Harmon Ave., Tel. 1 866 7457767, www.vdara.com. **Exklusives Boutiquehotel ohne Casino:** untergebracht in einem der spektakulären Hochhäuser des CityCenter und frequentiert von einem jungen, hippen Publikum. Schicke und hervorragend ausgestattete Suiten mit großen Fenstern, Spa und Bar in der Lobby, die hochkarätige moderne Kunstwerke aufweist.

Jugendherberge ($)

193 [df] **Las Vegas Hostel,** 1322 Fremont St., Tel. 702 3851150, http://lasvegashostel.net. **Jugendherberge mit Pool und Mehrbettzimmern:** Pancake-Frühstück inklusive, ab ca. $ 20 im 8-Bett-Zimmer.

Verhaltenstipps

Auch wenn Las Vegas alles andere als „typisch amerikanisch" ist und zudem Gäste aus aller Welt die Einheimischen zahlenmäßig ausstechen, gelten im Umgang dennoch die typisch amerikanischen Eigenschaften: Freundlichkeit, Hilfsbereitschaft, Diskretion und Disziplin. „Der Kunde ist König" und Vordrängen, Muffigkeit, Aggressivität und Hektik sind verpönt.

Die größten Zimmer in Vegas gibt es im Venetian 5

Do's und Don'ts – amerikanische Besonderheiten

- **Trinkgeld** *(tipp/gratuity)* wird erwartet (s. S. 61), da die Löhne im Dienstleistungsgewerbe gering sind.
- **Alkohol** darf nicht an Personen unter 21 Jahren verkauft, ausgeschenkt und generell nicht in der Öffentlichkeit konsumiert werden.
- In **Casinos** dürfen erst über 21-Jährige spielen, der Zutritt ist allerdings auch Jüngeren gestattet. Auch für Shows gelten manchmal Altersgrenzen.
- Las Vegas gibt sich im Allgemeinen „leger" *(casual)*, doch bei Restaurantbesuchen (v. a. in den Toplokalen) und in den exklusiven Klubs gelten durchaus **Kleidervorschriften.** Shorts und Tops, Badebekleidung u. Ä. werden nirgends außer an der Poolbar gern gesehen.
- **Händeschütteln** ist bei der Begrüßung eher unüblich, dafür werden altersunabhängig schnell die Vornamen benutzt.
- Die amerikanischen **Tischsitten** unterscheiden sich im Hinblick auf das Hantieren mit dem Besteck von den europäischen: Amerikaner schneiden mit dem Messer vor und benutzen dann nur noch die Gabel. Es würde keinem Amerikaner einfallen, Pizza oder Meeresfrüchte mit Messer und Gabel zu essen. Selbst in Toplokalen kann man sich Essensreste in ein **doggy bag** (heute meist eine Styropor-Box) einpacken lassen.
- **Toiletten** nennt man nie *toilet*, sondern immer *restroom, ladies'/men's room, bathroom* oder *powder room.* **Handys** heißen in den USA *mobile* oder *cell phone,* bedeutet doch das Wort *handy* nichts anderes als „handlich", „praktisch" oder „geschickt".

Topmodern und vollklimatisiert: die Monorail

Verkehrsmittel

Allgemeine Tipps zum Herumkommen in Las Vegas gibt es unter:

- www.lasvegas-how-to.com/get-around.php

Busse

Die Stadtbusse der **RTC (Regional Transportation Commission of Southern Nevada)** bedienen die meisten Ziele in der Stadt und im Umland. Zentraler Stadtbusbahnhof ist das auch architektonisch sehenswerte und umwelttechnisch wegweisende **Bonneville Transit Center.**

•194 [C5] **Bonneville Transit Center,** 300 N. Casino Center Blvd.

Die RTC bietet zwei Bussysteme: SDX (Strip & Downtown Express) und The Deuce (geschlossene Doppeldeckerbusse). Die Busse dieser beiden Linien fahren rund um die Uhr den Strip entlang bis Downtown und halten etwa jeden halben Kilometer an den großen Casino-Hotels. Während **SDX** auf der längeren Strecke zwischen Las Vegas Premium Outlets – North (s. S. 75) und Las Vegas Premium Outlets – South (s. S. 76) pendelt, verkehrt **The Deuce** entlang dem Las Vegas Blvd. zwischen Downtown (Freemont St.) und Mandalay Bay 23.

Der **Westcliff Airport Express** (WAX) verkehrt tgl. von ca. 5 bis 24 Uhr in unterschiedlicher Frequenz (v. a. an Wochenenden seltener) zwischen Suncoast Hotel & Casino (nahe westlichem Stadtrand) und Flughafen. Er macht dabei am Strip (Ecke Tropicana Ave., Umsteigen in SDX oder Deuce möglich) und in Downtown (Las Vegas Premium Outlets – North/Government Center) Halt.

Für Deuce und SDX sind **Tickets** an Automaten (auch mit Kreditkarte zahlbar) an den Haltestellen erhältlich, außerdem gibt es im Fahrzeug Automaten oder man kann beim Fahrer (genau abgezählt) bezahlen. Die Tickets sind beim Erwerb automatisch entwertet. Die Busse verkehren tgl. und rund um die Uhr in 10- bis 20-Minuten-Abständen.

Ein Einzelticket (2 Std. gültig) kostet für Deuce und SDX $ 6, die empfehlenswerte **Tageskarte** („All Access Pass") $ 8 und die 3-Tages-Karte $ 20. Diese Tickets schließen alle Busse ein, ansonsten kostet eine einzelne Fahrt mit einer anderen Buslinie (meist in die Wohngebiete) nur $ 2 (z. B. WAX).

› **Infos:** www.rtcsnv.com

Straßenbahn

Für die nahe Zukunft ist der Bau einer Straßenbahnlinie zwischen dem Flughafen und dem Strip sowie weiter bis Downtown geplant.

› Infos: www.rtcsnv.com/planning-engineering/transportation-planning

Monorail

Parallel zum Südabschnitt des Strip verkehrt auf einer Hochtrasse seit 2009 die elektrisch betriebene **Las Vegas Monorail.** Endstationen sind die Hotelcasinos MGM Grand (19) im Süden und das SLS (das ehemalige Sahara) im Norden. Dazwischen liegen die Stationen Bally's & Paris, Flamingo & Caesars Palace, Harrah's & The Quad, Las Vegas Convention Center und Las Vegas Hilton. Die Linie soll Richtung Mandalay Bay (23) weiter ausgebaut werden.

› www.lvmonorail.com. Die Züge verkehren Mo. 7–24, Di.–Do. 7–2, Fr.–So. bis 3 Uhr, $ 5 pro Einzelfahrt (Tagesticket $ 12, zwei Tage: $ 22, drei Tage: $ 28). Ticketverkauf an Schaltern (9–19 Uhr) bzw. an Automaten. Die Entwertung erfolgt beim Gang durch eine Schranke.

Kostenlos ist die Fahrt auf **drei kurzen Tram-Strecken:**

› zwischen Treasure Island und Mirage (So.–Do. 9–1, Fr./Sa. 9–3 Uhr, alle 15 Min.)
› zwischen Bellagio (13) – CityCenter (15) (Crystals/Aria) – Monte Carlo (17) (tgl. 8–4 Uhr, alle 7 Min.)
› zwischen Excalibur (21) – Luxor (22) – Mandalay Bay (23) (24 Std. tgl. alle 3–7 Min.)

Taxi

In Las Vegas dürfen Taxis Fahrgäste nur an ausgewiesenen Haltepunkten aufnehmen. Am Strip stehen meist genügend Taxis an den Eingangsbereichen der Hotels bereit.

Die **Taxi-Grundgebühr** beträgt $ 3,50, dazu kommen pro Meile (1,6 km) $ 2,80. Für Fahrten vom Flughafen wird eine „Pick-up"-Ge-

0841v Abb.: mb

bühr von $2 addiert. Bei Fahrten, die langsamer sind als 10 mph (z. B. Stau), fallen statt den Meilenpreisen 25 c pro 30 Sekunden an. Nicht alle Taxifahrer akzeptieren Kreditkarten und ein Trinkgeld von mind. 15 % ist üblich.

› www.taxi.state.nv.us

Versicherungen

Eine **private Auslandskrankenversicherung** ist in den USA unverzichtbar. Da die Kosten für eine Behandlung von den gesetzlichen und auch etlichen privaten Krankenversicherungen in Deutschland und Österreich (Schweizer sollten nachfragen!) nicht übernommen werden, können hohe Kosten anfallen. Am günstigsten sind Jahres bzw. Familienkrankenversicherungen. Zur Erstattung der Kosten zu Hause benötigt man ausführliche Quittungen.

Zu prüfen ist die Notwendigkeit **anderer Versicherungen.** Reiserücktritts-, Gepäck-, Reisehaftpflicht- oder Reiseunfallversicherung enthalten viele Ausschlussklauseln und zudem sind gewisse Schäden und Verluste oft bereits durch normale Privathaftpflicht- oder Unfallversicherungen abgedeckt. Auch in manchen (Gold-) Kreditkarten sind bestimmte Versicherungen enthalten.

Wetter und Reisezeit

Las Vegas liegt zwar in der Wüste, aber immerhin über 600 m hoch, weswegen die Wintermonate – zumindest morgens und abends – durchaus kühler ausfallen und lange Hosen und Pullover angeraten sein können. Von **November bis März** können die Temperaturen unter 10 °C fallen, allerdings auch auf rund 20 °C steigen.

Auch bringt der Monsun zu Jahresanfang oft heftige Niederschläge. Die **heißesten Monate** sind **Juni bis September** mit über 30 bzw. sogar über 40 °C (v. a. Juli). Angesichts der **geringen Luftfeuchtigkeit** von nur ca. 20 bis 30 % ist die Hitze relativ gut erträglich. Dazu ist zu bedenken, dass man in Las Vegas eh den Großteil der Zeit in klimatisierten Räumen verbringt.

Bei rund **320 Sonnentagen** und Niederschlagsmengen von nur durchschnittlich 11 cm im Jahr spricht man von **„Wüstenklima“**. Es empfiehlt sich leichte (Baumwoll-)Kleidung. Erkältungsanfällige Personen sollten wegen der durch Klimaanlagen im Inneren verursachten großen Temperaturunterschiede ein Tuch, einen leichten Pullover oder eine Jacke dabei haben. Von den Temperaturen her empfehlenswerteste **Reisezeiten** sind März, April und Oktober.

Durchschnitt	Wetter in Las Vegas											
	Jan	Febr	März	Apr	Mai	Juni	Juli	Aug	Sept	Okt	Nov	Dez
Maximale Temperatur	14°	17°	20°	25°	31°	38°	41°	40°	35°	28°	20°	14°
Minimale Temperatur	1°	4°	7°	11°	16°	21°	25°	23°	19°	12°	6°	1°
Regentage	2	2	2	1	1	1	2	2	1	1	1	2

ANHANG

006lv Abb.: mb

Kleine Sprachhilfe Amerikanisch

Für einen tieferen Einstieg in die Sprache seien an dieser Stelle die Reisesprachführer „Amerikanisch – Wort für Wort" (Kauderwelsch-Band 143), „American Slang" (Kauderwelsch-Band 29) und „More American Slang" (Kauderwelsch-Band 67) aus dem Reise Know-How Verlag empfohlen.

Begrüßung und Höflichkeit

Guten Morgen	*Good morning* (bis mittags)
Guten Tag	*Good afternoon* (ab mittags)
Guten Abend	*Good evening*
Gute Nacht	*Good night*
Auf Wiedersehen	*Good bye/Bye-bye/* *See you* (umgangssprachlich)
Willkommen!	*Welcome!*
Mein Name ist ...	*My name is ...*
Wie heißen Sie?	*What's your name?*
Schön Sie/Dich kennenzulernen/zu sehen.	*Nice/Good to see you.*
Entschuldigen Sie ...	*Excuse me, please, ...* (bei Fragen)
Verzeihung!	*Sorry/Pardon me!*
Bitte	*Please* (bei Fragen, Bitten)
Danke	*Thank you/Thanks*
Bitte, gern geschehen	*You are (very) welcome*
Könnten Sie mir bitte sagen ...	*Could you, please, tell me ...*

Allgemeine Fragen und Wendungen

Ich bin/Wir sind ...	*I am .../We are ...*
Das ist/sind ...	*This is/These are ....*
Wo ist/sind ...?	*Where is/are ...?*
Wo kann ich ... bekommen?	*Where can I get ...?*
Was ist das?	*What's that?*
Haben Sie ...?	*Have you got ...? I am looking for ...*
Wie viel kostet ...?	*How much is ...?*
Ich verstehe nicht.	*I don't understand.*
Sprechen Sie Deutsch?	*Do you speak German?*
Wie heißt das auf Englisch?	*What's that in English?*
vielleicht	*perhaps, maybe*
wahrscheinlich	*probably*
Ist es möglich ...?	*Is it/Would it be possible ...?*
Wer?	*Who?*
Was?	*What?*
Wie?	*How?*
Wie viel(e)?	*How much?* (Menge) *How many?* (Anzahl)

Zeit

Wie spät ist es?	*What time is it?*
Es ist 10 Uhr	*It's 10 a.m. (ante meridiem)*
Es ist 22 Uhr	*It's 10 p.m. (post meridiem)*
Mittag/Mitternacht	*noon/midnight*
heute	*today*
morgen	*tomorrow*
gestern	*yesterday*
morgens	*in the morning*
nachmittags	*in the afternoon*
abends	*in the evening*
früh/früher	*early/earlier*
spät/später	*late/later*

Wochentage

Montag	*Monday*	Freitag	*Friday*
Dienstag	*Tuesday*	Samstag	*Saturday*
Mittwoch	*Wednesday*	Sonntag	*Sunday*
Donnerstag	*Thursday*	Feiertag	*holiday*

Geldangelegenheiten

Geld, Kleingeld, Bargeld	*money, change, cash*
1 Dollar ($)	*„buck" (100 cent)*
1/5/10/25 Cent (c.)	*penny/nickel/dime/quarter*
Tausender	*grand*
Geldautomat	*ATM (automated teller machine)*
Kreditkarte	*credit card*
Reisescheck	*travelers cheque/check*
Ausweis	*ID (identification papers/card), passport*
Steuer	*tax*
Gebühr	*fee*

Unterwegs

Wie weit ist es bis ...?	*How far is it to ...?*
Ist das der richtige Weg nach ...?	*Is this the right way to ...?*
Nord, Süd, Ost, West	*north, south, east, west*
links, rechts	*left, right*
geradeaus, zurück	*straight (ahead), back (to)*
Ampel, Kreuzung	*traffic light(s), junction*
Auto/Mietwagen	*car, vehicle/rental car*
Autovermietung	*car rental station*

Lastwagen	*truck*
Motorrad	*motorcycle, bike*
Benzin	*gas*
Tankstelle	*gas station*
Führerschein	*driver's license*
Panne/Pannenhilfe	*breakdown/roadside assistance*

Öffentliche Verkehrsmittel

Fahrkarte	*ticket*
Tageskarte	*day pass*
einfache Fahrt	*one-way trip*
hin und zurück	*round trip*
Schienenverkehr (Tram, U/S-Bahn)	*light rail*
Straßenbahn	*tram, streetcar*
U-Bahn	*subway, metro*
(Bus-)Bahnhof/-Haltestelle	*(bus) station/stop*
Eisenbahn/Bahnhof	*railroad/railroad station*
Schiff/Fähre	*boat/ferry*

Unterkunft

Haben Sie ein Zimmer frei?	*Any vacancy? Do you have a room available?*
Zimmer frei/besetzt (Schilder)	*Vacancy/No vacancy*
Reservierung	*reservation*
Einzel-/Doppelzimmer	*single/double room*
... mit einem Bett/	*... with one (king-size)/*
... mit zwei Betten	*... two (queen-size) beds*
... mit Frühstück	*... breakfast included*
Badezimmer	*bathroom*
Dusche, Badewanne	*shower, bathtub*
WC	*bathroom, restroom, ladies'/men's room*
behindertengerecht	*handicapped accessible/ handicap-accessible*
Aufzug, Treppe, Rolltreppe	*elevator, stairs, escalator*
Stockwerk	*floor*
Parterre/erster Stock	*ground* oder auch *first floor/second floor*

Essen & Trinken

Speisekarte	*menu*
Ich möchte ... bestellen	*I would like (to order) .../I will take .../*

Rechnung	*check*	Mittagessen	*lunch*
Tagesgericht	*daily special*	Abendessen	*dinner/supper*
Vorspeise	*appetizer*	Bedienung	*waiter/waitress*
Hauptgericht	*entree/entrée*	Trinkgeld	*tip, gratuity*
Nachspeise	*dessert*	essen	*to eat*
Frühstück	*breakfast*	trinken	*to drink*

Register

Die Autoren

Margit Brinke und Peter Kränzle sind promovierte Archäologen, die sich 1995 als Journalisten und Buchautoren selbstständig gemacht haben. Seither konnten sie sich durch über 90 Publikationen bei verschiedenen Buchverlagen und durch Mitarbeit bei Zeitungen und Magazinen sowie Blogs einen Namen im Reise- und Sportjournalismus machen. Im Reise Know-How Verlag liegen bereits mehrere Bücher, schwerpunktmäßig zu amerikanischen Zielen, vor.

Schon der erste Las-Vegas-Besuch 1992 hinterließ bei den Autoren einen bleibenden Eindruck: Die Zugfahrt endete direkt im Spielcasino und die ganze Stadt wirkte wie vom Mond gefallen. In den folgenden Jahren waren sie immer wieder in Las Vegas zu Gast und konstatierten einen positiven Wandel. Egal, wie man zu Glücksspiel und Entertainment steht: Man muss die Stadt gesehen haben! Wie New York City hat „Vegas“ mit dem Rest der USA wenig gemeinsam.

Schreiben Sie uns

Dieses Buch ist gespickt mit Adressen, Preisen, Tipps und Daten. Unsere Autoren recherchieren unentwegt und erstellen alle zwei Jahre eine komplette Aktualisierung, aber auf die Mithilfe von Reisenden können sie nicht verzichten. Darum: Teilen Sie uns bitte mit, was sich geändert hat oder was Sie neu entdeckt haben. Gut verwertbare Informationen belohnt der Verlag mit einem Sprachführer Ihrer Wahl aus der Reihe „Kauderwelsch“.

Kommentare übermitteln Sie am einfachsten, indem Sie die Web-App zum Buch aufrufen (siehe Umschlag hinten) und die Kommentarfunktion bei den einzelnen auf der Karte angezeigten Örtlichkeiten oder den Link zu generellen Kommentaren nutzen. Wenn sich Ihre Informationen auf eine konkrete Stelle im Buch beziehen, würde die Seitenangabe uns die Arbeit sehr erleichtern. Unsere Kontaktdaten entnehmen Sie bitte dem Impressum.

Impressum

Margit Brinke, Peter Kränzle

CityTrip Las Vegas

2., neu bearbeitete und komplett aktualisierte Auflage 2018

ISBN 978-3-8317-3075-9
Printed in Germany

Druck und Bindung: Media-Print, Paderborn

Herausgeber: Klaus Werner
Layout: amundo media GmbH (Umschlag, Inhalt), Peter Rump (Umschlag)
Lektorat: amundo media GmbH
Karten: Ingenieurbüro B. Spachmüller, amundo media GmbH
Anzeigenvertrieb: KV Kommunalverlag GmbH & Co. KG, Alte Landstraße 23, 85521 Ottobrunn, Tel. 089 928096-0, info@kommunal-verlag.de
Kontakt: Osnabrücker Str. 79, 33649 Bielefeld, info@reise-know-how.de

Bildnachweis

Umschlagvorderseite: Dreamstime.com©Frank Joergensen
Umschlagklappe rechts: Las Vegas Convention and Visitors Authority
Soweit ihre Namen nicht vollständig am Bild vermerkt sind, stehen die Kürzel an den Abbildungen für die folgenden Fotografen, Firmen und Einrichtungen. Margit Brinke: mb | Las Vegas Convention and Visitors Authority: lvcva | fotolia.com by Adobe: fo | Mob Museum: mm | Wynn/T. Rossa: wr | Papillon Grand Canyon Helicopters: Papillon | Downtown Grand Hotel: dg

Liste der Karteneinträge

Hier nicht aufgeführte Nummern liegen außerhalb der abgebildeten Karten. Ihre Lage kann aber wie die von allen Ortsmarken im Buch mithilfe der Web-App angezeigt werden (s. rechts).

Zeichenerklärung

- Hauptsehenswürdigkeit
- [D3] Verweis auf Planquadrat im City-Faltplan

- Arzt, Apotheke, Krankenhaus
- Bar, Bistro, Klub, Treffpunkt
- Bibliothek
- Biergarten, Pub, Kneipe
- Café
- Friedhof
- Galerie
- Geschäft, Mall, Markt
- Hotel, Unterkunft
- Imbiss, Bistro
- Informationsstelle
- Jugendherberge, Hostel
- Kapelle
- Kirche
- Museum
- Musikszene, Disco, Tanz
- Parken
- Polizei
- Postamt
- Restaurant
- Sonstiges
- Theater
- Sporteinrichtung

- Monorail-Haltestelle
- Gastro- und Nightlife-Areal
- Shoppingareal

Bewertung der Sehenswürdigkeiten

- ★★★ auf keinen Fall verpassen
- ★★ besonders sehenswert
- ★ wichtige Sehenswürdigkeit für speziell interessierte Besucher

Las Vegas mit PC, Smartphone & Co.

QR-Code auf dem Umschlag scannen oder **www.reise-know-how.de/citytrip/lasvegas18** eingeben und die **kostenlose Web-App** aufrufen (Internetverbindung zur Nutzung nötig)!

★**Anzeige der Lage und Satellitenansicht aller** beschriebenen Sehenswürdigkeiten und weiteren Orte
★**Routenführung** vom aktuellen Standort zum gewünschten Ziel
★**Audiotrainer** der wichtigsten Wörter und Redewendungen
★**Updates** nach Redaktionsschluss

GPS-Daten zum Download

Auf der Produktseite dieses Titels unter www.reise-know-how.de stehen die GPS-Daten aller Ortsmarken als KML-Dateien zum Download zur Verfügung.

Stadtplan für mobile Geräte

Um den Stadtplan auf Smartphones und Tablets nutzen zu können, empfehlen wir die App „Avenza Maps“ der Firma Avenza™. Der Stadtplan wird aus der App heraus geladen und kann dann mit vielen Zusatzfunktionen genutzt werden.

Die Web-App und der Zugriff auf diese über QR-Codes sind eine freiwillige, kostenlose Zusatzleistung des Verlages. Der Verlag behält sich vor, die Bereitstellung des Angebotes und die Möglichkeit der Nutzung zeitlich und inhaltlich zu beschränken. Der Verlag übernimmt keine Garantie für das Funktionieren der Seiten und keine Haftung für Schäden, die aus dem Gebrauch der Seiten resultieren. Es besteht ferner kein Anspruch auf eine unbefristete Bereitstellung der Seiten.

Las Vegas, The Strip (Südteil)

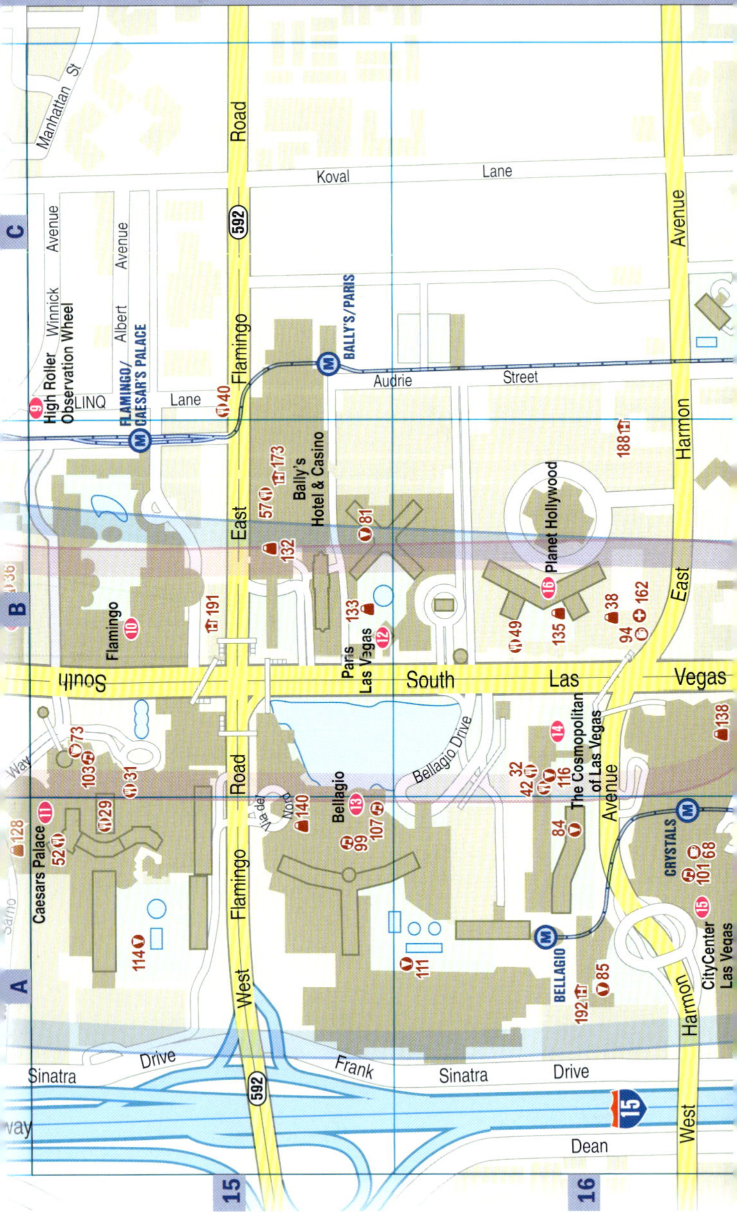